시시콜콜 영화의 역사

영화의 탄생부터 디지털 영화까지

시시콜콜 영화의 역사

영화의 탄생부터 디지털 영화까지

초판 1쇄 | 2026년 3월 25일

지은이 | 김결
편   집 | 박일구
본문디자인 | 김남영
표지디자인 | Yelllazy
펴낸곳 | 써네스트
펴낸이 | 강완구
출판등록 | 2005년 7월 13일 제 2017-000293호
주   소 | 서울시 마포구 양화로 56, 1521호
전   화 | 02-332-9384   팩 스 | 0303-0006-9384
홈페이지 | www.sunest.co.kr
ISBN | 979-11-94166-79-5(43900)   값17,000원

시시콜콜 영화의 역사

김결 지음

씨네스트

도대체 영화란 무엇일까?

영화는 '움직이는 그림' 또는 '움직이는 사진'이란 뜻이다. 영화를 의미하는 프랑스어 '시네마(cinema)'나 러시아어 '키노(kino)'는 움직인다는 뜻을 가진 그리스어 '키네시스(kinesis)'에서 유래한 것이다. 영어 '무비(movie)' 역시 움직인다는 의미를 지닌 라틴어 '모베레(movere)'에서 유래했다. 한자어 '영화(映畵)'는 그림을 비춘다는 원래의 뜻을 가지고 있지만, 표준국어대사전에 의하면 '일정한 의미를 갖고 움직이는 대상을 촬영하여 영사기로 영사막에 재현하는 종합 예술'이라고 한다. 즉, 영화는 그림이나 사물이 '움직인다'는 데 큰 의미를 가지고 있다.

인류는 수만 년 전부터 동굴의 벽에 그림을 그리기 시작했다. 애석하게도 그 벽화는 정지된 것이었다. 대한민국의 울산 반구대 암각화(바위에 새긴 그림)에는 고대 인류가 고래를 잡는 모습이 새겨져 있다. 우리의 선조들은 그 그림 속의 고래가 움직이고, 사냥하는 인간의 고함소리를 듣고 싶고, 배가 출렁거리고 파도가 넘실거리는 상상을 했을 것이다. 왜 그것은 불가능했던 것일까? 고대 인류는 움직이는 것에 대한 열망으로 동굴의 벽에 비친 자신들의 그림자를 보면서 움직이는 그림을 감상하기도 했다. 중국인들은 아예 그림자로 연극을 '상영'하기에 이르렀다. '그림자 연극'은 지금도 상영되고 있으며 유네스코 세계문화유산으로 지정되었다. 이처럼 인류는 움직이는 그림을 동경했고 실행했다.

그로부터 수만 년이 지나 인류는 필름에 찍힌 형체를 빛으로 쏘아서 실제 그림이나 사진이 움직이는 모습을 보게 되었다. 우리는 매일 매일 움직이는 그림을 본다. 굳이 영화관에 가지 않아도 텔레비전과 스마트폰 속에는 움직이는 그림이 넘쳐난다. 촬영 기술의 발달로 아주 쉽게, 당연하다는 듯이 움직이는 실제의 사람과 풍경을 보게 된 것이다. 그러나 그 꿈이 이루어지기까지는 수만 년의 시간이 필요했다. 넓은 의미로는 고대로부터의 이 모든 유산이 움직이는 그림, 즉 영화라고 할 수 있다. 그림자놀이와 그림자 연극에서부터 오늘날 스마트폰 속의 동영상까지……. 그러나 아주 협소한 의미로 영화는 극장에서 스크린으로 보는 것을 칭하는 말이다.

1. 영화는 극장에서 상영되는 것만을 일컫는가? NO! 그것은 엄마 아빠의 청소년기에나 옳았던 '옛날이야기'이다. 현대의 영화는 온라인으로 상영되는 경우가 많다. 넷플릭스나 여타 OTT는 영화의 주요한 유통경로가 되었다. 심지어 《오징어 게임》처럼 극장 개봉을 하지 않고 넷플릭스 같은 OTT에서 개봉을 하는 경우도 생겨나고 있다. 그 이유는 간단하다. OTT에서 개봉이 수익 창출에 용이하기 때문이다.

영화가 발명된 이후 영화를 극장에서 상영한 가장 중요한 이유는 한꺼번에 많은 관객을 모아 수익을 올릴 수 있었기 때문이다. 하지만, 오늘날 극장 운영에는 공간과 인력이 필요하고, 이를 유지하는 데에는 상당한 비용 지출이 불가피해졌다. 이와 달리 OTT와 같은 디지털 플랫폼을 통한 개봉은 디지털 파일만으로 가능하다. 이러한 변화 속에서 영화 역시 결국 자본주의의 논리를 따르게 되었다. 수십 년 뒤에는 사람들이 더 이상 극장을 찾지 않을 가능성도 있다. 어쩌면 우리가 알고 있는 극장은 사라질지도 모른다.

2. 틱톡이나 유튜브의 영상물은 영화가 아니다. NO! 그것은 단편 극영화나 단편 다큐멘터리의 하나라고 할 수 있다. 짧은 '스토리'이기

때문이다. 단지 너무 흔하고 누구나 관들 수 있어서 굳이 돈을 내고 보지 않을 뿐이다. 그러나 광고가 삽입되어 있다면 약간의 입장료를 내는 것이나 마찬가지다. 결국 아주 저렴한 단편영화라고 할 수 있다. 그러나 조회수가 엄청나면 그 창작자는 많은 수익을 올릴 수도 있다.

3. 인류가 극장에서 본 최초의 영화는 배우가 출연하는 극영화였다. NO! 최초의 영화는 다큐멘터리였다. 흔히 프랑스의 뤼미에르 형제의 〈기차의 도착〉을 최초의 영화라고 말한다. 그 영화는 기차가 도착하고 사람들이 타고 내리는 장면을 찍은 다큐멘터리였다. 카메라는 한 곳에 서 있고 주구장창 편집도 없이 기차역을 찍고 있다. 관객들은 기차가 역으로 들어오는 장면을 보고는 비명을 지르며 밖으로 뛰어나갔다. 그 기차가 자신들을 향해 달려오는 것으로 착각했던 것이다. 인류가 처음으로 '움직이는 그림'을 보고 받은 충격은 가히 상상을 초월하는 것이었다.

4. 영화는 산업인가? 예술인가? 어려운 질문이다. 이 질문에 명쾌하게 답하는 것은 쉽지 않은 일이다. 영화는 산업이기도 하고 예술이기도 하다. 산업과 예술이 융합된 매체라고 하는 편이 옳을 것이다. 영화도 수익을 올리기 위해 만든다. 돈을 벌지 못한다면 아무도 수십억 원에서 수백억 원에 달하는 제작비를 투자하지 않을 것이다. 그러나 예술적 완성도가 관객의 기대에 미치지 못하면 아무리 제작비를

많이 들인 대작이라고 하더라고 관객에게 외면당한다. 관객은 변덕스럽고 까다롭다. 엄청난 비용을 들여서 만든 화려하고 장대한 장면을 보고 싶어 하면서 동시에 작품의 주제나 완성도 등 미적인 것도 따진다. 영화는 이러한 요구를 동시에 충족해야 하기에, 산업이면서 동시에 예술의 성격을 지닌다.

5. 영화는 1896년 프랑스에서 태어났다. 음, 맞다. 그러나 그것은 교과서나 인터넷에 나오는 이야기이며 시험 답안을 위한 정답일 뿐이다. 질문의 의도에 따라 이 말은 맞을 수도 있고 틀릴 수도 있다. 필름으로 찍은 사진을 영사기를 통해 '움직이는 사진'으로 상영하는 것을 영화라고 말한다면, 영화는 프랑스의 뤼미에르 형제에 의해 발명되었으며, 최초의 작품은 <기차의 도착>이 맞다.

그러나 다른 견해도 있을 수 있다. 예를 들어, 정지된 그림 수십 장을 빠르게 환등기를 통하여 비추면 그림 속의 인물이 움직이는 것처럼 보인다. 그런 장치는 이미 오래전에 발명되었다. 그보다 전에는 노트의 각 쪽에 정지된 그림을 그려서 빠르게 넘기면 동작이 이어지는 것처럼 보이는 '플립북(flip book)' 형태의 놀이를 발견했고 이를 즐겼다. 또한 고대의 중국에서는 사람이나 사물에 빛을 쏘고 그 그림자가 화면에 나타나면서 움직이는 놀이를 즐겼다. 라틴어의 '모베레(Movere)'나 그리스어 '키네시스(Kinesis)'처럼 영화를 '움직이는 그림'으로 정의한다면, 영화는 <기차의 도착>보다 훨씬 오래전에 이미 발

명된 것으로 볼 수 있다. 이 경우 각 문화권은 영화에 대한 자신만의
기원을 갖게 되는 셈이다.

 6. **영화감독이 되려면 꼭 영화과에 들어가야 한다.** NO! 영화과에
진학하면 도움은 된다. 하지만, 한국뿐만 아니라 세계 여러 나라를
보더라도 영화과 출신 감독은 소수에 불과하다. 영화감독에게 필요
한 것은 전공보다는 사고력과 여러 분야를 함께 다룰 수 있는 능력이
다. 문학, 미술, 음악, 연기에 대한 이해와 더불어 제작비를 조달하는
능력, 사람들과 협력하는 사교성 등도 그 능력에 포함이 된다. 따라
서 영화를 꾸준히 보고 습작을 이어간다면, 전공과 관계없이 누구나
영화감독이 될 수 있다. 다만, 영화과는 그런 환경이 잘 갖추어져 있
는 것이 사실이다.

 하지만, 영화감독이 되기 위해 반드시 영화과에 가야 하는 것은
아니다. 먼저 인문학적 교양을 갖추고 시작해도 늦지 않다. 뒤늦게 영
화감독을 결심했다는 것은 정말 자기가 하고 싶은 일을 찾았다는 뜻
이기도 하기 때문이다.

 7. **스마트폰으로는 영화를 찍을 수 없다.** NO! 스마트폰 카메라
의 성능은 HD급이다. 물론 영화에서 요구되는 다양한 화면을 구현하
기 위해서는 다양한 앱과 보조 장비가 필수적이다. 실제로 유명한 영
화감독들 가운데에도 스마트폰으로 영화를 촬영하는 이들이 있다. 그

들은 상업적 대작이 아니라 자신이 만들고 싶은 소자본의 영화를 스마트폰으로 찍곤 한다. 재능만 있다면 스마트폰으로도 충분히 영화를 찍을 수 있다. 단, 할리우드 대작을 흉내 내는 것은 금물이다. 스마트폰이 지닌 특성에 맞게 가볍고 일상적인 느낌을 잘 살리는 것이 성공적인 작품의 출발이다.

8. 영화는 영원히 존재할까? 이 역시 확언하기 어렵다. 단, 영화가 지금과 같은 모습으로 계속해서 존재하지는 않을 것이다. 텔레비전이 발명되었을 때 사람들은 영화가 곧 사라질 것이라고 말했다. 영화가 지닌 오락성을 텔레비전이 대체할 것이라고 생각했기 때문이다. 그러나 텔레비전이 발명되고 거의 70~80년이 흘렀지만, 영화는 여전히 굳건하게 자리를 지키고 있다. 영화에는 텔레비전 드라마와는 다른 무엇인가가 존재하기 때문이다.

영화는 단순한 오락을 넘어 인간의 꿈과 환상을 자극한다. '움직이는 그림'을 만들고자 했던 것 자체가 인간의 꿈과 환상이 아니었을까? 영화는 전기나 자동차처럼 편리함을 추구하기 위해 발명된 것이 아니라, 꿈과 환상을 실현하기 위해 태어났다.

지난 시간 동안 영화가 무성에서 유성으로, 흑백에서 컬러로, 단지 있는 그대로의 현실을 찍은 영화에서 환상을 추구하는 영화로 변해 왔듯이 앞으로도 영화는 지금과는 다른 모습으로 변화할 것이다. 시간이 흐른 뒤에 돌아보면 그 변화를 파악할 수 있겠지만, 그 변화를 지금의 시점에서 예측하는 것은 쉽지 않은 일이다.

9. '끼'만 있으면 영화감독이 될 수 있다. NO! 절대 아니다. 끼가 있으면 기발한 아이디어를 떠올릴 수 있을 것이다. 하지만, 영화에서 말하는 '아이디어'는 단순한 착상만을 의미하지 않는다. 때로는 베스트셀러 도서나 인기 웹툰의 저작권을 확보하는 방식으로도 아이디어는 마련된다. 문제는 그 기발한 아이디어 하나만으로는 한 편의 영화가 만들어지지 않는다는 것이다. 시나리오의 구성, 시나리오에 나와 있는 캐릭터에 적합한 배우를 선택하는 능력, 음악과 미술적인 지식, 다양한 전문가들과의 협업 능력, 편집에 대한 이해, 관객의 감정을 파악하는 능력까지 한 사람의 영화감독에게 요구되는 능력은 정말 다양하다. 그러므로 영화감독에게 정말로 중요한 것은 단순한 '끼'가 아니라, 깊이와 폭을 겸비한 교양과 이를 종합할 수 있는 능력일 것이다.

01

영화의 탄생

수만 년 전 ~ 1896년

도대체 왜 인류는 '움직이는 그림'에 대한 꿈을 꾸었을까?

그 꿈은 어떤 과정을 거쳐 완성되었을까?

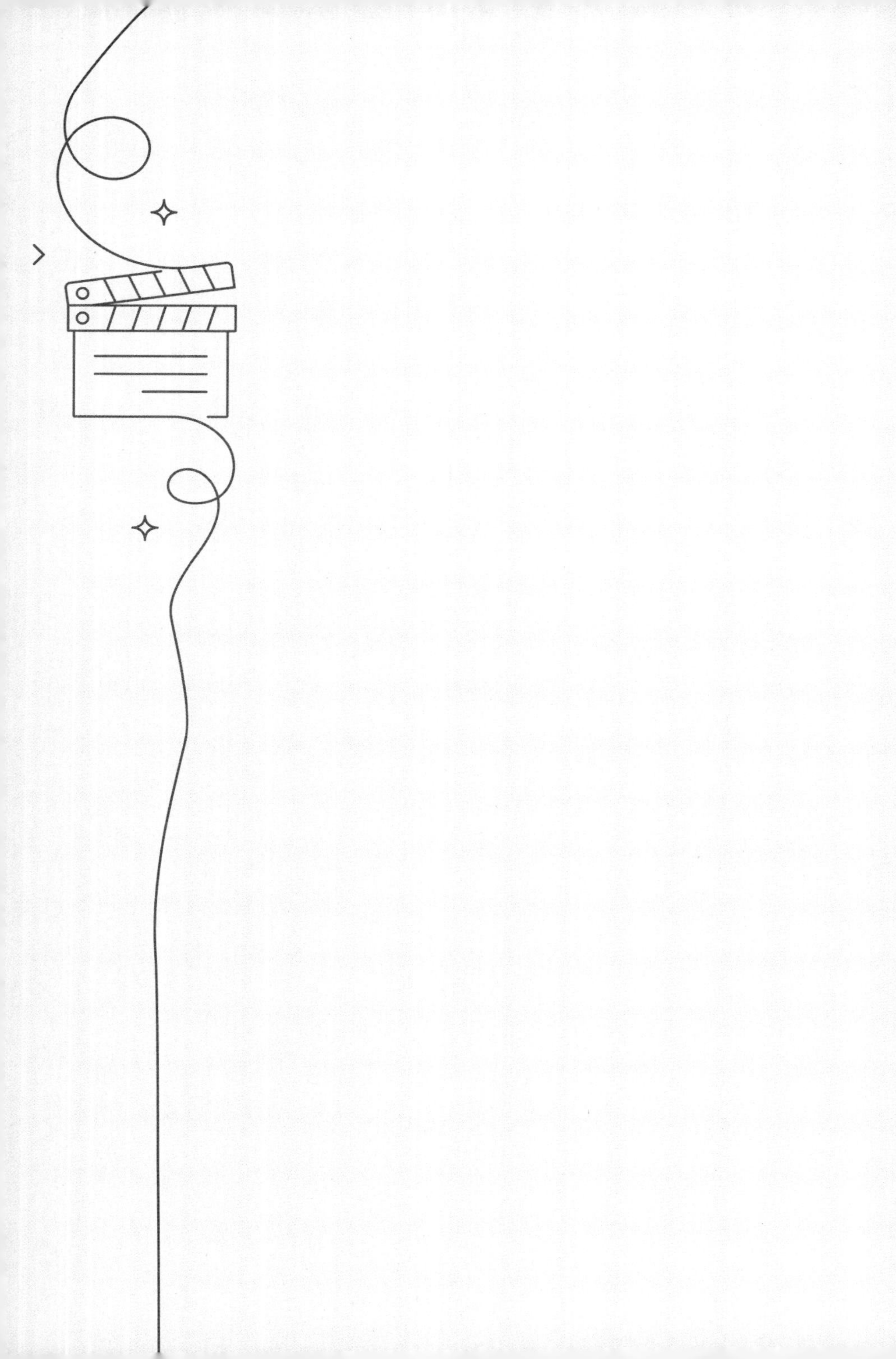

움직임은 살아 있다는 증거다. 우리는 손과 입을 움직여서 맛있는 음식을 먹고 친구와 놀기 위해 친구네 집으로 걸어간다. 움직일 수 없다고 생각해보자. 얼마나 답답하겠는가. 잠을 자다가 가위에 눌리는 순간이 있다. 어느 순간 내 몸이 움직이지 않는다. 우리는 잠결에 생각한다. '혹시 내가 죽은 것은 아닐까?' 두려움이 밀려온다. 천천히 몸을 움직일 수 있을 때 안도의 한숨을 쉰다. '살아 있구나.' 이런 작은 경험 속에서 움직인다는 사소한 능력에 대해 무한한 감사의 마음을 갖는다. 움직임은 본능이자 꿈이다.

고대 인류는 사냥이 잘 되도록 자연에 기원하는 의미에서 동굴에 벽화를 그렸다. 그런데 아무리 애를 써도 살아 있는 동물은 그릴 수 없었다. 제아무리 생동감 있게 동물을 묘사한다고 하더라도 정지된 형태밖에 그릴 수 없었다. 그들은 죽은 동물보다는 살아있는 동물을 잡고 싶었다. 그렸던 그림을 지우고 다시 살아 있게 그리려 노력해도 결과는 정지된 그림, 죽은 동물이었다. 고대 인류는 동물을 움직이게 그리는 것은 불가능하다고 생각했다. 또 그들은 생생한 자연을 그려 넣고 싶었다. 흐르는 강물, 바람에 흔들리는 나뭇잎, 바위에 부딪치는 파도 등. 그것 역시 그릴 수 없었다. 그들은 '마치 살아 있는 것처럼' 그리는 것에 만족했다. 그렇게 그리는 묘사법을 연구했다.

그러나 여전히 인류는 움직이는 그림에 대한 동경을 가지게 되었다. 그 꿈은 수만 년 동안 인류의 능력으로는 불가능한 것처럼 보였다. 그러다가 간간이 움직이는 그림의 가능성에 대한 맹아를 발견하게 되었다. 그 맹아가 쌓이고 쌓여 드디어 오늘날 우리가 즐기는 영화가 탄생하였다. 그 흥미진진한 시간을 살펴보자.

고대 인류의 '영화'

고대 인류는 정지된 형태의 동물과 자연을 그렸다. 그들은 그림 안에 영혼이 깃들어 있어 살아 움직인다고 생각했다. 그러던 중, 고대 인류는 불을 만드는 방법을 발견했다. 옹기종기 둘러앉아 사냥한 고기를 구워 먹던 인류는 문득 벽에 그린 동물이 움직이고 있는 것을 보고 놀랐다. 그림 속의 동물들이 불빛이 어른거릴 때마다 살아 있는 것처럼 움직이는 것이 아닌가! 그들은 빛의 밝음과 어둠이 교차 되면 빛의 대비에 의해 사물이 움직이는 것처럼 보인다는 사실을 깨달았다. 그들은 넓은 동굴에서 초기 형태의 '영화'를 감상했다. 벽에 그려진 동물들은

위에서부터 차례로 고래와 고래사냥의 모습이 그려진 반구대 암각화, 들소, 말, 사슴이 그려진 알타미라 동굴 벽화, 말이 그려진 라스코 동굴 벽화이다. 모두 입체적이고 사실적으로 그려져 있지만, 아직 '움직이는 그림'은 아니었다.

초원을 뛰어다니는 것처럼 보였다. 그들은 소리를 지르며 환호했고, 일부는 창을 들고 움직이는 동물을 사냥하려고 했다.

고대 인류는 여기서 한 발 더 나아갔다. 그들은 불빛을 이용해 직접 움직이는 그림을 감상했다. 그들은 모닥불에서 나뭇가지를 집어 손 옆에 대보았다. 그랬더니 손의 모양이 벽에 비치는 것이 아닌가! 이번에는 돌도끼를 들어 불에 비추니 도끼로 동물을 사냥하는 듯한 모양이 나타났다. 또 손가락 다섯 개를 사용하여 여우, 토끼, 사자 등의 모습을

NO! 그것은 과장이 아니다. 현대의 영화도 실제로 움직이는 것이 아니다. 움직이는 것처럼 보이는 것이다. 인간의 눈을 감쪽같이 속이는 것이다. 필름이나 디지털카메라 안에는 무수히 많은 정지화면이 찍혀서 배열되어 있고, 그것이 빨리 돌아가면서 움직이는 것처럼 보이는 것이다. 현재까지는 실제 움직임을 담을 수 있는 카메라는 없다. 과학기술이 발전한다면 언젠가는 실제 움직임을 촬영할 수 있을까?

필름의 릴을 보면 한 장 한 장 정지된 그림이 찍혀 있다.

만들어 보며 즐기게 되었다. 사자는 여우를 사냥하고, 여우는 토끼를 사냥한다. 그것은 영화의 줄거리가 되었다. 그들은 고기를 배불리 먹고 누워 영화를 감상하다가 잠이 들었다. 이렇게 고대 인류는 '그들의 영화'를 만들었다.

태양이 만드는 선명하고 환상적인 그림자

모닥불이 만드는 흐릿한 그림자를 즐기던 고대 인류는 한층 더 선명한 그림자를 얻게 되었다. 어느 날 아침, 태양빛이 동쪽에서 강렬하게 동굴의 입구를 비추었다. 마침 아침 사냥을 나갔다 들어오던 고대 인류는 동굴의 벽에 비친 자신들의 그림자를 보고 놀라게 되었다. 그것은 밖에서 보던 자신들의 그림자가 아니었다. 어두운 동굴의 벽에 비친 그들의 모습은 훨씬 선명하고 역동적으로 움직이는 것이 아닌가. 어두컴컴한 공간에서 움직이는 그림자는 환한 바깥의 그림자와는 다르게 생동감이 넘쳤다. 고대 인류는 어두운 곳에 강한 빛을 통하여 그림자를 만들면 환상적인 모습을 만들 수 있다는 사실을 깨달았다. 그 발견은 고대극장의 탄생이었다.

오늘날 우리는 같은 영화를 극장에서도 보고 텔레비전에서도 본다. 요즘은 대형 텔레비전이 각 가정에 널리 보급되어 있다. 텔레비전을 볼 때와 달리 영화관에서는 어둠 속에서 영화를 감상하게 된다. 물론 영화관이라 해서 완전한 어둠은 아니다. 그렇지만, 영화관에서는 오로지 영화에 집중하게 된다. 영화관이라는 공간의 어둠은 상상력을 자극한다. 스스로 다음 장면을 예상하고 이어지는 스토리를 예측한다.

반면, 텔레비전은 수동적으로 영화를 감상하게 된다. 밝은 거실에서 전화를 받기도 하는 등 다른 일이 생기면 영화를 중단하기도 한다. 텔레비전으로 영화를 보면 집중이나 몰입을 하기가 쉽지 않고 상상력을 발휘하기도 어렵다. 그렇게 줄거리를 놓치지 않고 따라가다 보면 화면의 아름다움이나 음악이나 음향의 신비로움은 크게 중요하지 않게 된다. 그래서 심심풀이 오락영화를 감상하기에 좋은 조건이다. 영화를 좋아하는 사람들이 가능하면 극장에서 영화를 보는 이유이다.

장대한 화면의 영화는 영화관에서 감상하면 좋고,
시트콤류의 영화는 텔레비전으로 봐도 무방하다.

중국의 그림자극 또는 그림자 '영화'

고대의 중국인들은 벽에 비친 그림자의 형상을 아예 예술작품으로 승화시켰다. 탄생 시기는 대략 기원전 100년에서 기원후 100년 정도로 추정한다. 중국의 그림자극은 2,000년의 역사를 지닌 현존하는 인류 최고의 '영화'라고 봐도 무방하다. 물론 영화의 범위를 현재의 우리가 극장에서 보는 영화로 한정시키지 않는다면 말이다. 고대 중국에는 현대의 영화관처럼 그림자극이 '상영'되는 무대와 관객이 있었다. 그림자극은 2011년 유네스코 무형문화유산으로 등재되었다.

그림자극의 원리

중국의 그림자극은 먼저 가죽이나 종이로 사람이나 동물의 인형과 자연의 형태를 만든다. 각각의 형태는 사람에 의해 조종된다. 인형의 형태는 살아 있는 생명이 움직이는 것처럼 정교하다. 그냥 형태만 있는 것이 아니라, 목, 팔목, 무릎 등 24개 관절의 움직임을 조종할 수 있다. 또한 눈동자의 움직임을 통하여 보는 곳을 표현하며, 위아래로 움직이며 감정까지 표현할 수 있도록 만든다.

이렇게 제작한 인형 뒤에서 빛을 쏘면 인형의 그림자가 앞에 걸린 반투명의 천에 나타난다. 이 반투명의 천은 현대 극장의 스크린(screen)과 같다고 볼 수 있다. 숙련된 공연자는 양손과 발을 사용하여 여러 개의 인형을 조종할 수 있다. 수십 명의 공연자가 있으면 대규모의 군중과 동물이 등장하는 연기도 가능하다. 또한 천을 사용하여 흐르는 강물과 바람에 흔들리는 나뭇잎 등 자연 현상을 묘사하는 것도 가능하다.

공연자들은 인형을 조종하는 기술 이외에도 다양한 기예를 뽐낸다. 인형을 대신하여 말을 하고, 동물의 울음소리를 흉내 내고, 자연의 소리를 내고, 시를 읊고 구전가요나 민요를 부르기도 한다. 실로 다재다능한 예술가라고 할 수 있다.

현대 영화의 초기에도 무성 영화라는 형식이 있었다. 영화에서 소리는 나오지 않았고, 성우나 변사가 어둠 속에 숨어서 대신 말소리를 내곤 했다. 그런 의미에서 중국의 그림자극은 어쩌면 초기 영화의 원형이라고도 할 수 있다.

'그림자'에서 '그림'의 움직임으로

그림자의 움직임을 통해 영화를 즐기던 인류는 '그림이 움직일 수는 없을까?'라는 호기심을 갖게 되었다. 알타미라와 라스코 동굴의 벽화, 울산 반구대 등의 암각화를 남긴 인류는 이제 종이의 발명과 캔버

스크린에 비친 그림자극의 장면(위), 그리고 그림자극에 사용되는 다양한 사람 인형과 동물 인형들

스(유화를 그리는 천)의 발명으로 원하는 모든 것을 그려 감상하게 되었다. 그러나 여전히 정지된 그림이었다.

그러던 중 호기심에 가득 찬 어떤 사람이 다음과 같은 발견을 하게 되었다. 그는 말이 달리는 모습을 묘사한 그림책을 보고 있었다. 그 그림책에는 말이 달리는 순간순간이 다르게 표현되어 있었다. 그는 그림책을 들고 아래로 스르르 넘겨보았다. 그러자 말이 실제로 달리는 것이 아닌가. 그는 자신이 직접 노트에 그림을 그려 이를 실험했다. 이번에는 사람이 걷는 모습이었다. 팔과 다리의 움직임을 다르게 그리고 빨리 넘기니 사람이 걸어가는 것이었다. 그는 이것이 중대한 발견이라는 사실을 알지 못했다. 단지 사람들이 모였을 때 재미 삼아 이 움직이는 그림을 보여주었다. 사람들은 그 놀이가 신기하고 재미있었다. 그 놀이는 동서양을 막론하고 널리 퍼져나갔다. 그러나 그림자 극처럼 공연의 형태로 발전하지는 못했다. 이 단순한 놀이는 수백 년이나 흐른 다음에야 애니메이션 영화의 원리로 재발견 된다.

감광지의 발명

이제 인류는 손으로 그리는 그림이 아니라 실제의 사물을 찍고 싶은 욕망에 사로잡혔다. 그 호기심은 감광지를 발명하기에 이르렀다. 감광지란 빛이나 자외선에 노출되면 화학적으로 반응하는 물질이 칠해

　보통은 애니메이션(animated movie)을 만화영화로 이해한다. 그러나 애니메이션은 '정지된 것이 살아 움직인다.'는 의미를 가지고 있다. 'animal'이라는 단어를 생각하면 이해하기 쉽다. 그림(만화)이 움직이는 것뿐만 아니라, 점토로 만든 인형을 포함한 정지된 형태의 모든 것들은 움직이는 애니메이션이 될 수 있다. 형태를 조금씩 움직인 상태로 여러 장을 찍고, 그것을 빨리 돌리면 움직이는 것처럼 보이는 원리를 이용하면 되기 때문이다. 보통 1초의 장면을 만들기 위해서는 24장에서 30장의 그림이나 형태가 필요하다. 필름 카메라는 24장, 디지털카메라는 정교함의 정도에 따라 24장에서 30장의 화면이 필요하다. 그림이 많아지면 화면이 촘촘하게 만들어지기 때문에 움직임이 정교해진다. 그렇다고 해서 1초에 100장씩이나 되는 그림을 만들 필요는 없다. 인간의 눈은 1초에 대략 10~20장 안팎의 장면을 연속적으로 보여주면, 부드럽게 움직이는 것으로 인식하는 특성이 있기 때문이다.

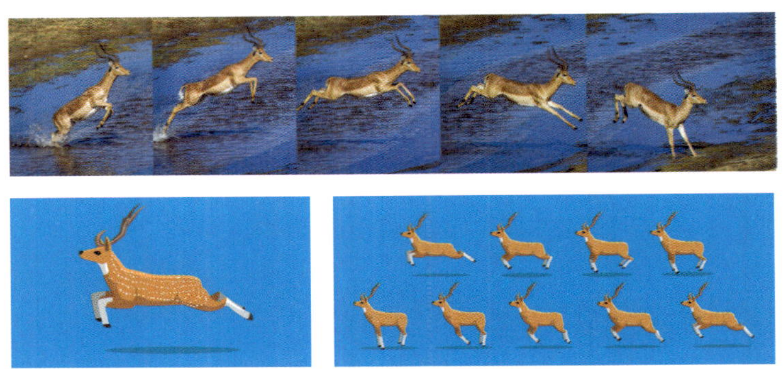

달리는 동물의 실제 사진과 이를 구현한 애니메이션

진 종이다. 꽃이나 나뭇잎, 동전을 감광지 위에 올려놓고 몇 분간 빛을 쏘이면, 빛을 받은 부분의 색깔이 변하면서 사물의 형태가 종이 위에 남게 된다. 초기의 감광지는 흑백의 표현만 가능했다. 이렇게 해서 비록 흑백의 형태라 하더라도 그림을 빨리 대량 생산하기에 이르렀다.

흔들리는 나뭇잎을 만든다고 가정해 보자. 나뭇잎의 위치와 모양을 바꾸어 배치하면 쉽게 여러 장을 만들 수 있다. 오늘날에는 어린이들의 놀이도구로 감광지를 활용한다. 색깔도 다양하여 흑백의 감광지뿐만 아니라, 다양한 색깔의 이미지를 만들 수 있다. 감광지 놀이를 통해 지금은 거의 사용하지 않는 필름 사진의 현상 원리를 이해할 수 있다(디지털카메라에는 필름이 사용되지 않는다). 먼저 필름에 사물이 찍힌다. 그 형태를 정확히 알아볼 수 없다. 필름을 감광지 위에 올려놓고 확대하여 빛을 쏘이면 사물의 형태가 종이 위에 나타난다. 그것이 사진이 된다.

감광지에서 금속판이나 유리판으로

19세기 중반, 감광지는 감광 금속판이나 감광 유리판의 형태로 발전하였다. 금속판이나 유리판에 감광 화학물질을 바른 다음 빛을 쐬어 사물의 형태를 찍었다. 일회성의 감광지와는 달리 금속판과 유리판의 사용으로 여러 장의 사진을 만들어낼 수 있게 되었다. 이에 따라 사진

감광지 위에 만들어진 이미지들이 걸려있는 암실

기도 발명되었다.

감광판의 원리는 어둠 속에서 순간적으로 빛을 통과시켜 빛이 투과하는 부분과 투과하지 않는 부분이 흑백으로 분리되는 현상을 이용한 것이었다. 유리 감광판이 장착된 사진기로 촬영을 한 다음, 암실에서 이 유리 감광판에 화학물질을 사용해 인화지나 음화 필름으로 옮겨 찍는 인화 과정을 거쳐야 사진을 만들 수 있었기 때문에 거대한 암실 장비가 필수적이었다. 암실에서 사진기의 조리개를 열어 빛이 감광판을 순간적으로 투과하면 사물의 형태가 감광판에 찍히는 원리였다.

초창기의 사진장비는 승용차만큼이나 거대했다. 감광판의 크기가 컸고, 그 크기에 맞는 암실이 필요했기 때문이다. 그래서 사진기를 싣고 다니는 마차와 암실이 한 세트를 이루었다.

마차로 이동했던 초기의 이동 사진관

필름의 발명

감광 금속판이나 감광 유리판의 불편함을 해소한 사람은 조지 이스트만(George Eastman)이었다. 조지 이스트만은 사진기가 너무 커서 휴대하기 불편했기 때문에 사진기의 크기를 줄이는 방법을 고민하고 있었다. 그는 사진기를 휴대할 수 있을 정도로 작게 만들기 위해서는 우선 감광판의 문제 해결이 필수적이라 생각하고 감광판 축소 방법을 연구하고 있었다. 그 결과 이스트만은 기존의 화학물질보다 훨씬 감도가 좋은 유제를 제조했고, 유리판 대신 약물 처리된 종이로 가벼운 필름을 만들 수 있었다. 그렇게 해서 감광판을 교체하지 않고 단시간에 여러 장의 사진을 찍을 수 있는 돌돌 달려진 롤 필름(roll film)이 탄생하게 되었다.

이어서 그는 셀룰로이드에 감광 화학물질을 입혀서 투명 롤 필름을 개발했다. 셀룰로이드는 얇고 부드러웠다. 이것을 갈아서 휴대용 사진기 안에 장착했다. 이제 매번 감광판을 교체하지 않고도 수십 번의 사진 촬영이 가능해졌다. 더불어 그는 셀룰로이드 필름이 들어가는 휴대용 사진기를 만들었다. 바로 얼마전까지 우리가 사용했던 필름 사진

이스트만 코닥의 설립자, 조지 이스트만(George Eastman)

기가 탄생한 것이다. 그는 곧바로 필름 제조 회사를 차렸다. 그 회사의 이름은 이스트만 코닥(Eastman Kodak)이었다.

디지털 사진기가 나오기 전까지 우리가 사용하는 대부분의 필름에는 '이스트만 코닥'이라는 상표가 붙어 있다. 1888년 휴대용 사진기는 선풍적인 인기를 끌며 팔려나갔다. 어렵게만 보이던 사진 기술이 대중적인 오락행위가 된 것이다. 소비자는 버튼을 눌러 사진을 찍고, 사진기 안의 필름을 꺼내 이스트만 코닥이라는 회사로 가져가면 사진을 인화해 주었다. 조지 이스트만은 엄청난 부를 축적했다. 그의 판매 문구는 바로 이것이었다.

"당신은 버튼만 누르세요. 나머지는 우리가 해드리겠습니다.
(You press the button, we do the rest.)"

이스트만 코닥의 광고 포스터와 휴대할 수 있게 만든 소형 사진기

사실은 필름이 조지 이스트만에 의해 최초로 발명되었다는 명확한 증거는 없다. 이스트만 코닥의 제품이 상업적인 성공을 거두고 현재까지 영향력을 발휘하고 있기 때문에 그렇게 기록된 측면이 강하다. 아마 비슷한 시기에 다른 사람들도 그런 고민을 했을 것이고, 휴대용 필름과 사진기를 만들어 사진을 찍었을 것이다. 그런 시도는 상업적으로 성공을 거두지 못했기 때문에 역사의 뒤편으로 사라졌을 뿐이다.

움직이는 그림, 영화가 탄생하다!!!

이스트만 코닥에서 만들었고 상업적인 성공을 거둔 사진기는 정지된 화면을 찍는 사진기(still camera)였다. 사람들은 우후죽순으로 움직이는 화면을 찍는 사진기에 대해 고민을 하게 되었다. 이 사진기를 '스틸 카메라'와 구분하기 위해 편의상 '무비 카메라(movie camera)'라고 부른다. 무비 카메라는 글자 그대로 움직이는 화면을 찍는 사진기라는 뜻이 된다. 무비 카메라를 누가 가장 먼저 발명했는지는 분명치 않다. 호기심 많은 사진 촬영가들이·너도 나드 만들었고 실험했기 때문이다.

무비 카메라의 원리는 무엇일까?

무비 카메라의 원리는 간단하다. 이미 인류는 정지된 화면을 연속적으로 빠르게 보여주면 사물이 움직인다는 원리를 터득했다. 이제 남겨진 문제는 정지된 화면을 연속적으로 찍는 것이었다. 어떤 사람이 걸어가는 모습을 찍는다고 가정해 보자. 그 사람이 1초에 한 걸음을 내딛고, 우리가 그 모습을 담는다고 생각해 보자. 우리는 1초에 24장의 사진을 찍어야 한다. 그래야 그 사람이 걸어간다고 느낄 수 있다.

그렇다면 그 기술은 어떻게 발명되었는가? 사람의 손으로는 1초에 기껏 몇 번의 버튼만 누를 수 있을 뿐이다. 1초에 수십 번의 버튼을 누르려면 기계의 힘을 빌려야 했다. 기계장치만이 빠르게 버튼을 누르면서 조리개를 통해 빛의 양을 조절할 수 있었다. 발명가들은 스틸 카메라의 크기를 다소 크게 만들고 그 안에 모터를 장착하는 방식을 시도했다. 모터는 감긴 필름을 돌려주고, 버튼을 빨리 눌러주고, 카메라의 조리개를 재빨리 열었다 닫았다 하는 동작의 반복을 가능하게 해 주었다. 이렇게 하여 인류는 움직이는 사람이나 사물을 찍을 수 있게 되었다.

영화의 탄생

　이제 오늘날 우리가 감상하는 본격적인 영화가 탄생하게 되었다. 그림자가 움직이거나, 그림책에 그려진 여러 장의 그림이 넘어가면서 움직이는 것처럼 보이는 것이 아니라, 실제로 움직이는 사물을 찍은 그림이 눈앞에 펼쳐지게 된 것이다.

　최초로 그와 같은 시도를 한 사람은 프랑스의 뤼미에르(Lumière)

형 오귀스트 마리 루이 니콜라 뤼미에르(Auguste Marie Louis Nicholas Lumière)와 동생 루이 장 뤼미에르(Louis Jean Lumière), 그리고 그들이 만든 영화 〈기차의 도착〉의 포스터

형제였다. 그들은 기차역에서 기차가 도착하는 장면을 찍었다. 기차가 역으로 들어온다. 사람들이 오르내린다. 이렇게 단순한 영화였다. 이 영화의 제목은 〈기차의 도착(L'Arrivée d'un Train à La Ciotat)〉이다. 이 영화는 1896년 12월 28일에 극장에서 세계 최초로 상영되었는데, 조지 이스트만에 의해 필름이 발명되어 대중화되고 채 8년이 지나지 않아서였다. 이 단순한 영화는 움직이는 현실을 찍었다는 사실 때문에 엄청난 성공을 거두었다. 사람들은 이 신기한 풍경을 보기 위해 극장으로 몰려들었다. 기차가 화면에 등장했을 때, 기차가 자신들을 치고 지나갈 것을 두려워한 나머지 사람들이 혼비백산하여 극장 밖으로 도망치면서 극심한 혼란이 벌어지기도 했다.

〈기차의 도착〉의 한 장면

　이미 세계 곳곳에서 호기심 많은 사람들이 움직이는 사물을 찍는 실험을 했고, 실제로 이를 상영했다. 다만, 상영 사실이 알려지지 않았거나, 아주 소규모로 이루어졌을 뿐이다. 〈기차의 도착〉은 상영된 장소가 유럽의 중심도시인 파리였고, 대규모의 인파가 모인 극장에서 상영되었으며, 무엇보다 언론에 주요 뉴스로 다루어졌기 때문에 '최초의 영화'라는 타이틀을 얻게 되었다. 만약 시험 문제에서 "세계 최초의 영화는 무엇인가?"라고 묻는다면 〈기차의 도착〉이라고 써야 한다. 그렇지만, 실제로 세계 최초의 영화는 〈기차의 도착〉이 아닐 수도 있다.

02

무성 영화의 시대

1896~1927

소리가 없어서 영화는 더 환상적이었다

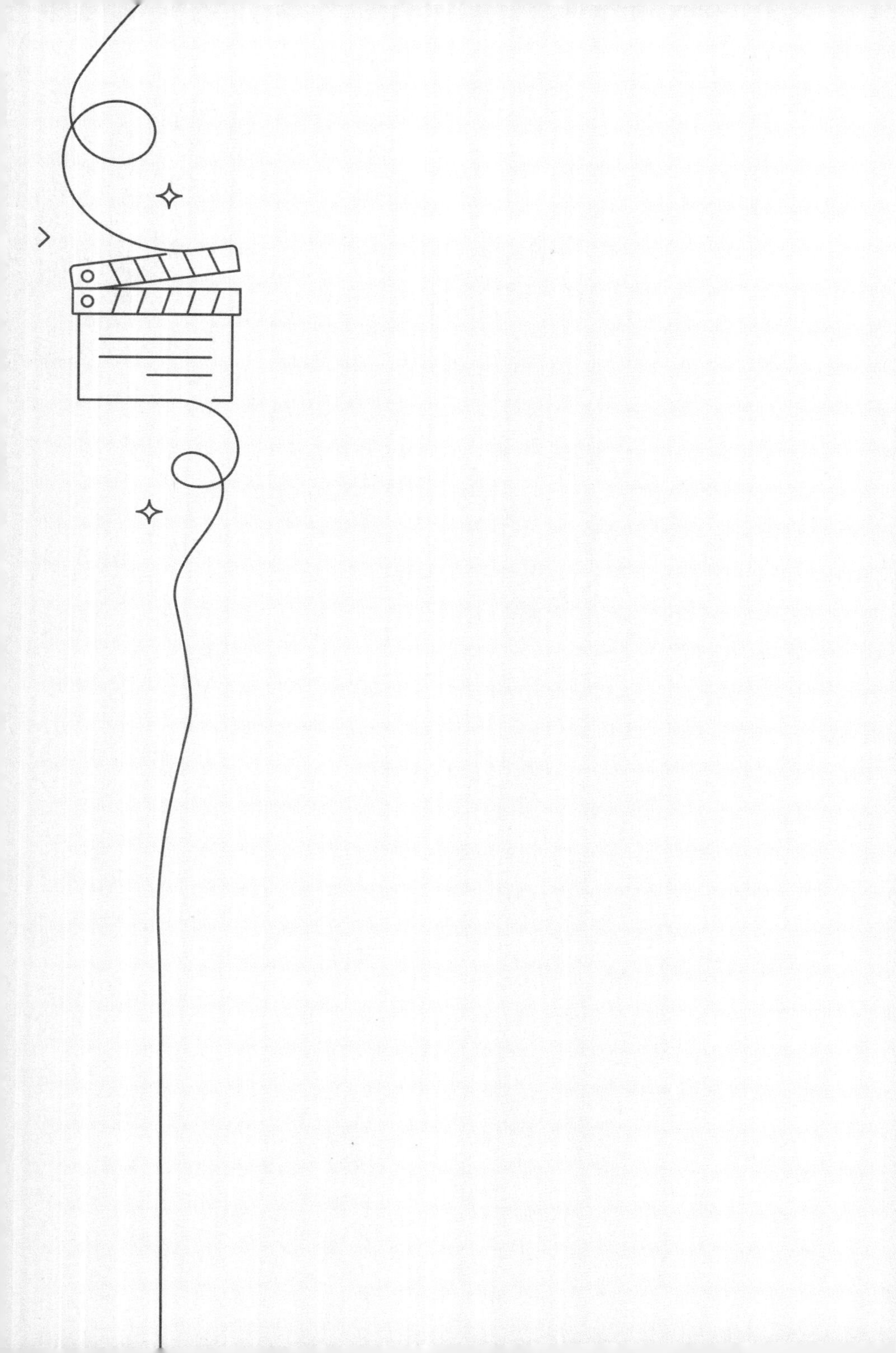

뤼미에르 형제의 〈기차의 도착〉이 대중적으로 성공을 거두자 부유한 사람들은 영화라는 새로운 '산업'에 대해 흥미를 갖기 시작했다. 이전까지 인류가 즐긴 공연은 오페라나 춤, 그리고 연극이었다. '예술'에 무게를 둔 이 공연은 모두 일회성이었다. 이를 즐기는 사람들은 상류층이 대부분이었다. 배우와 가수는 매일매일 무대에 올라야 했다. 상류층 사람들이 자신들의 생활을 보다 풍요롭게 하기 위해 예술가나 배우를 후원하는 성격이 강했기 때문에 아무도 공연을 산업이라고 생각하지 않았다.

그러나 영화는 사뭇 달랐다. 한 번 촬영한 다음에는 필름이 닳아서 없어질 때까지 반복해서 상영할 수 있었기 때문에 제작에 투입된 비용을 제외하고도 많은 수익을 올릴 수 있었다. 관객층도 다양해졌다. 상류층과 중산층, 심지어 노동자 계층까지도 극장으로 영화를 보러 왔다. 연극이나 오페라보다 푯값은 저렴했다. 하지만, 대규모 인원을 끌어들일 수 있었기 때문에 영화 제작자는 늘어났고 영화를 상영하는 극장도 우후죽순으로 생겨났다. 오전부터 밤까지 필름을 반복해서 돌릴 수 있는 영화에 비해 하루에 한 번 공연하는 오페라나 연극은 수익 면에서 비교가 되지 않았다. 바야흐로 '영화의 시대'가 열린 것이다.

이제까지 흥밋거리 정도로 치부되었던 영화가 대중 예술로, 나아가 산업으로 발전하게 되었다. 영화의 '전성기'는 지금까지도 이어지고 있다. 연극이나 오페라는 1년에 한 편도 보지 않았지만, 영화를 한 편도 보지 않는 사람은 거의 없었다. 주변에서 너무 흔하게 접할 수 있었기 때문이다. 이렇게 영화는 130여 년 전부터 우리 생활의 일부가 되었다. 초기의 영화는 소리가 없는 무성 영화였지만, 화면 속에서 사람이 움직인다는 체험만으로도 사람들에게 놀라움을 주었다.

무성 영화는 신비로웠다

현대의 영화에 익숙한 우리는 소리가 없는 영화를 본다면 몹시 답답할 것이다. 하지만, 100년 전으로 돌아가 어둠 속의 스크린에서 사람들이 입을 벙긋벙긋 하면서 뒤뚱뒤뚱 뛰어다닌다고 가정해 보자. 관객은 스크린 안에 등장하고 움직이는 모든 것이 궁금하고 경이로웠다. 관객은 자신의 상상력을 발휘하여 영화의 줄거리를 해석했다. 그들은 모두 같은 영화를 보았지만, 동시에 각자의 영화를 보았다. 영화는 각각의 사람들에게 열려있는 예술작품이었다. 물론 초기 영화들의 줄거리가 아주 단순했기 때문에 가능한 일들이었다.

사람들은 점점 소리를 요구하게 되었다

처음에는 좋았던 것도 시간이 지나면 지루해진다. 영화 제작자들은 시간이 흐르면서 영화관을 찾는 관객이 줄어든다는 사실을 깨달았다. 무성 영화, 즉 소리 없는 이미지만으로는 더 이상 관객들의 욕구를 충족시킬 수 없었던 것이다. 더불어 극장의 수입도 줄어들었다. 관객은 소리가 나는 영화를 원했다. 영화는 예술이면서 동시에 산업이었다. 그 줄다리기 속에서 이기는 것은 언제나 수익을 전면에 내세우는 산업적 측면이었다. 이제 사람들은 영화에서 현실적인 재미를 요구했고, 이를 위해서는 소리가 필요했다. 그러나 여기에는 많은 어려운 과제가 도사리고 있었다.

불가능했던 동시녹음

당시에는 영화 촬영 현장에서 동시녹음의 기술이 없었다. 무비 카메라로 촬영을 하면서 필름을 빨리 돌리고, 카메라에 빛이 들어오는 셔터를 재빨리 열고 닫기를 반복하기 위해서는 모터의 장착이 필수적이었다. 그런데 그 모터 돌아가는 소리가 탱크가 지나가는 것처럼 요란했다. '타타타타타.' 이런 상황에서 동시녹음은 불가능한 일처럼 보였다.

후시녹음의 난관

동시녹음은 불가능한 일이었다고 하더라도, 후시녹음으로 현장에서의 소음 문제를 해결할 수 있지 않았을까? 후시녹음이란 일단 화면만 촬영한 이후에 녹음실에서 소리를 입히는 것을 말한다. 이 또한 당시로서는 아주 복잡한 기술이었다. 제아무리 훌륭한 성우라고 하더라도 화면에 나오는 배우의 입 모양을 보면서 영화의 대사를 한 번에 녹음할 수는 없었다. 배우의 입 모양과 성우의 대사가 일치하지 않았다. 이 둘을 일치시키는 것을 '립싱크(lip synchronization)'라고 한다. 요즘도 가수가 공연에서 미리 녹음된 노래를 직접 부르는 척하는 것을 '립싱크'라고 한다. 그 립싱크를 하려면 수십 번 끊고 이어서 녹음을 반복해야 하는데, 지금의 기술로는 어렵지 않은 일이지만 당시의 기술로는 너무나 번거롭고 복잡한 일이었다.

당시의 녹음은 축음기판을 핀으로 미세하게 파서 그 높낮이를 이용하여 소리를 내는 것이었다. 이것을 제작하는 것도 어려운 일이었지만, 설사 축음기판을 만들었다고 하더라도 그 소리가 실제의 목소리와는 달랐다.(축음기에서는 코맹맹이 소리가 났다.) 시간이 흘러서 실제의 목소리와 유사하게 재생되는 녹음테이프(1990년대까지 우리가 사용했던 손바닥보다 작은 녹음테이프가 아니라 훨씬 넓고 두꺼운 녹음테이프)가 발명되었지만, 녹음테이프를 중간중간 끊고 이어 붙이며 녹음하는 일은 거의 불가능에 가까웠다. 문제는 대사를 말하는 목소리 자체가 아니었다. 대사를 하는 목소리가 나올 때는 주변의 소리나

영화에 따라 다르다. 동시녹음은 촬영과 동시에 대사를 비롯한 주변의 소리를 녹음하는 방법을 말한다. 이렇게 녹음을 하면, 소리는 현실적이고 생동감이 있으나 주변의 환경을 통제해야 하는 어려움이 있다. 대사를 하는데 비행기가 지나가는 등의 소음이 발생하면 이를 계속허서 반복해야 한다. 실제로 아주 어렵고 피곤한 방법이다. 후시녹음은 스튜디오에서 화면에 맞추어서 대사와 소리를 따로 녹음하는 것을 말한다. 안정적이지단, 립싱크를 맞추는 데 어려움이 따른다.

오늘날의 영화에서는 두 가지 방법을 동시에 사용한다. 촬영 현장을 조용하게 통제하는 것이 어렵기도 하고, 기술의 발달로 음향기기를 통해 립싱크를 쉽게 맞출 수 있다. 또한 조용한 분위기 속에서 배우가 시간에 쫓기지 않고 작업을 할 수도 있다. 어느 것이 더 어렵고, 어느 것이 더 나은 방법이라고 단정할 수는 없다. 동시녹음이 보편화된 지금도 후시녹음을 선호하는 감독들도 있다.

소음도 함께 나와야 한다. 그런 소리를 다시 녹음해서 이어 붙이는 것은 사실상 불가능했다. 우여곡절 끝에 녹음을 완성했다고 하더라도 이번에는 상영할 때의 문제가 남아 있었다. 화면과 소리를 동시에 내보내는 것은 당시 기술로는 달나라에 가는 것만큼이나 어려웠다. 과학기술이 뒷받침되지 않았던 것이다. 사람들은 무성 영화에 싫증을 내고 있었다. 하지만, 소리가 나오는 영화를 만드는 것은 요원한 일이었다.

소리를 내기 위해 대안으로 나온 방법들

처음에는 영화를 설명하기 위해 변사(해설가)를 도입했다. 변사는 나름 복잡해진 무성 영화의 줄거리를 직접 설명함으로써 영화를 이해시키는 방법이었다. 그러나 이 방법은 별 매력이 없었다. 그 정도의 설명은 영화가 진행되는 중간중간에 화면에 문장을 집어넣는 방법이 있었다. "그는 웃음을 지었다. 그러나 속으로는 상대의 음모를 눈치채고 있었다."와 같은 방법으로 말이다. 이 역시 화면을 보면서 소리를 같이 듣고 싶어 하는 관객의 요구를 반영하는 방법은 아니었다.

그래서 대안으로 나온 방법이 성우들이 극장 어딘가에 숨어서 소리를 내는 것이었다. 또 한편으로는 관객의 감정을 고양시키기 위해 영화관 안에 피아노 등의 악기를 설치한 다음 실제로 연주를 하기도 했다. 어쨌든 이런 노력들로 영화는 다시 인기를 되찾았다. 사람들은 성우의 목소리나 극장 안에서의 악기 연주를 어색하게 느끼지 않았다. 관객들은 화면과 함께 소리를 들을 수 있는 것만으로 흥분했고 만족했다. 아직 동시녹음이나 완벽한 립싱크 등을 경험해 보지 못했기 때문이었다.

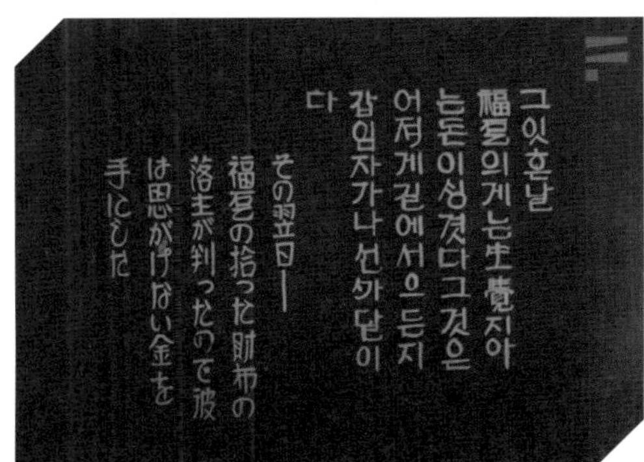

무성 영화 시대의 변사(위의 사진 무대 왼쪽에 옆모습을 보이고 있는 사람)와 영화의 줄거리를 설명하는 자막

당시의 관객들은 성우들이 숨어서 내는 목소리의 효과마저도 화면 속 인물들의 목소리라고 착각했다. 화면 속에서 사람의 목소리가 들렸을 때, 일부의 관객은 깜짝 놀라 영화관을 뛰쳐나가기도 했다. 〈기차의 도착〉이 상영되었을 때, 기차가 극장 안으로 돌진해 온다고 착각한 것과 같은 충격을 받았던 것이다.

그 시절의 사람들은 화면 속에 살아 있는 사람이 실제로 들어가 있는 것처럼 느꼈다. 라디오에서 나오는 소리도 아주 작은 사람이 라디오 안에 있는 어떤 공간에서 내는 것이라고 생각했던 시대였다.

무성 영화 시대를 대표하는 영화 《황금광 시대》

무성 영화 작품은 이루 헤아릴 수 없이 많고, 지금까지도 유명한 명작도 적지 않다. 1896년에 〈기차의 도착〉이 상영된 후 1927년 소리와 장면이 함께 나오는 유성 영화 《재즈 싱어(The Jazz Singer)》가 나오기까지 30여 년 동안 수없이 많은 작품이 무성 영화로 만들어졌다. 그중 하나를 소개하자면 유성 영화가 나오기 직전인 1925년에 만들어진 찰리 채플린(Charlie Chaplin)의 《황금광 시대(The Gold Rush)》가 있다.

찰리 채플린은 인류 역사상 단연 최고의 감독이라고 할 수 있다. 그의 이름은 영화사를 논할 때 항상 맨 앞에 거론되곤 한다. 그는 단편과 장편을 포함하여 100여 편이 넘는 영화를 만들었고, 희극과 비극의 경계를 무색하게 만드는 웃기면서도 깊은 슬픔이 배어 있는 영화를 만들었다.

영화 《황금광 시대》의 줄거리

《황금광 시대》는 《모던 타임즈(Modern Times)》, 《시티 라이트(City Lights)》와 함께 찰리 채플린이 만든 최고의 영화로 거론되지만, 찰리 채플린 본인은 《황금광 시대》를 자신의 최애 영화라고 말하곤 했다.

《황금광 시대》의 포스터

아마도 자신의 페르소나(persona, 분신)와 같았던 극중 인물 '떠돌이'에게 강한 애착을 느낀 듯했다. 그는 직접 떠돌이를 연기했다. 대략적인 이야기는 아래와 같다.

'알래스카에 금광이 발견되어 사람들이 몰려갈 무렵, 떠돌이(찰리 채플린)는 눈보라 속에서 또 다른 방랑자인 빅 짐을 만나고, 둘은 눈보라를 피해 오두막으로 들어간다. 그 오두막에는 라슨이라는 살인범이 숨어 살고 있었다. 세 사람은 모두 금광을 차지하기 위해 서로 속고 속이는 암투를 벌인다. 라슨이 먹을 것을 찾아 나가자, 오두막에 남은 두 사람은 배가 고파 라슨의 가죽구두를 몰래 삶아 먹고, 우스꽝스러운 실수로 곰을 잡아 구워 먹는 행운을 누리기도 한다.(찰리 채플린의 영화의 특징은 어두운 세계가 희극적으로 그려진다.) 살인범 라슨은 떠돌이들의 금을 훔쳐 달아나다가 산사태로 인해 죽음을 맞는데, 찰리 채플린은 이 장면을 희극적으로 그린다. 이후에 떠돌이는 마을에 나갔다가 조지아라는 여자를 만나 사랑에 빠지지만, 그들의 사랑은 이런저런 우스운 상황들로 인해 결국 이루어지지 못한다. 떠돌이는 금을 가지고 집으로 돌아오게 되는데, 그 여정에서 사랑했던 여인 조지아를 다시 만나게 된다. 이제 그들의 사랑은 해피엔딩으로 끝난다.'

《황금광 시대》의 이야기는 이렇게 단순하다.

찰리 채플린 영화의 묘미

　찰리 채플린 영화의 묘미는 스토리의 정밀함이나 완결성에 있는 것이 아니라, 단순한 줄거리 속 상황을 연기하면서 그가 선사하는 웃음과 감동에 있다. 무성 영화의 특징인 과장된 몸짓과 표정, 현실적이지 않고 꿈속을 거니는 듯 바보스럽게 뒤뚱거리는 걸음걸이, 황당하지만 그럴듯한 설정, 웃기면서도 슬픈 상황 등이 그것이다. 특히 웃기면서 동시에 슬픈 감정을 유발하는 상황을 만들어내는 그의 재능은 특별하다고 할 수 있다.

　사람들이 웃음과 슬픔이라는 상반된 감정을 동시에 느낄 수 있게 만드는 것은 개그처럼 웃기거나 비극처럼 슬픈, 하나의 분명한 감정을 느끼게 하는 것보다 훨씬 어렵다고 한다. 오늘날의 유행어인 '웃프다'는 말은 찰리 채플린의 영화를 한 마디로 설명하는 적절한 표현이라고 할 수 있을 것이다.《황금광 시대》라는 영화 역시 마찬가지이다. 당시의 돈으로 10억 원(90만 달러)이나 되는 거액을 투입해 제작한 이 영화는 엄청난 흥행을 기록했다. 만약 지금처럼 이 영화를 전 세계에서 동시에 개봉할 수 있었다면 그보다 훨씬 엄청난 흥행과 수익을 올렸을 것이다. '떠돌이' 찰리 채플린의 성공을 보면서 관객들은 자신들이 성공하는 꿈을 꾸지 않았을까? 분명 어려운 처지를 위로하며 대리만족의 감정을 느꼈을 것이다.

찰리 채플린의 특별한 재능을 엿볼 수 있는 《황금광 시대》의 명장면들로 왼쪽은 신발을 먹는 장면이고, 오른쪽은 떠돌이 생활을 하는 주인공의 모습이다.

찰리 채플린의 인생

인류 역사상 최고의 영화감독으로 인정받는 찰리 채플린은 1889년 영국에서 태어나 1977년 스위스에서 사망했다. 미국에서 영화 활동을 했던 그가 말년에 스위스에서 정착해서 살다가 사망한 이유는 그의 생애를 보면 이해할 수 있다.

찰리 채플린의 유년 시절은 불우했다. 아버지가 집을 나가고, 엄마와 함께 남겨진 채플린은 고단한 유년 시절을 보내야 했다. 그의 회고에 의하면 어린 시절의 배고픔이 가장 슬픈 일이었다고 한다. 어머니마저도 정신병원에 입원하면서 결국 그는 고아원에서 어린 시절을 보냈다. 그는 먹고 살기 위해 유랑극단, 연극무대 같은 곳에서 광대나 피에로를 연기했다. 아마도 이런 경험이 그의 희극 연기의 자양분이 되었을 것이다. 그 와중에 스무 살 무렵이 되었을 때, 그의 연기는 영화 제작자의 눈에 띄었다. 곧바로 그는 영화에서 코미디 연기를 하게 되었다. 그의 '웃픈' 연기는 관객들을 사로잡았다. 사람들이 경험하지 못한 웃기면서도 슬픈 요상한 감정을 유발했기 때문이다. 그는 많은 팬을 확보했고, 연기뿐만 아니라 단편영화를 시작으로 장편영화를 제작하기 시작했다. 물론 자신의 영화에 배우로도 출연했다. 그가 연기하는 캐릭터를 소화할 수 있는 것은 오직 자신밖에 없었다. 어린 시절의 고난이 배어

영화 《모던 타임즈》와 《시티 라이트》, 그리고 《위대한 독재자》에 출연한 찰리 채플린의 모습(왼쪽 위에서 시계방향으로).

있는 슬픈 얼굴과 함께 귀공자처럼 잘생긴 찰리 채플린을 통해 사람들은 묘한 느낌을 받았는데, 그런 찰리 채플린의 캐릭터를 다른 배우들은 소화하지 못했다. 틀에 박힌 캐릭터에 익숙했던 관객들은 찰리 채플린의 희극 연기를 보면서 다른 세상을 보았다. 찰리 채플린은 독자적으로 영화사를 만들어 자신의 작품을 제작했고, 이를 미국 전역에 배급했으며, 엄청난 성공을 거두었다.

찰리 채플린은 감독이면서 동시에 엄청난 부자가 되었다. 그는 가난한 사람들에 대한 애정과 희망을 잃지 않았다. 1921년 첫 번째 장편인 《키드(The Kid)》를 시작으로 1923년 《파리의 여인(A Woman of Paris: A Drama of Fate)》, 1925년 《황금광 시대》, 1931년 《시티 라이트》, 1936년 《모던 타임즈》 등 만드는 영화마다 찬반의 논란을 일으키며 대성공을 거두었다. 논란이 벌어진 이유는 그의 영화가 단순한 코미디가 아니라 탐욕적 자본주의에 대한 날카로운 풍자나 비판을 담고 있었기 때문이다. 대중들은 그를 좋아했지만, 정치권력이나 자본 권력은 그를 불편해했다. 특히 1941년에 만들어진 《위대한 독재자(The Great Dictator)》는 히틀러를 풍자한 영화로 히틀러뿐만 아니라, 세계 각지에서 독버섯처럼 퍼지고 있는 독재 정부와 제국주의 침략 국가에 대한 신

귀공자 같은 찰리 채플린의 삶은 '웃픈' 것들로 가득했다.

랄한 비판이었다.

1940년대 미국에서는 '매카시' 광풍이 불기 시작했다. 매카시는 미국의 반공 정치인이었다. 그는 미국 사회의 빈부격차, 불평등, 독점적 자본주의에 비판적인 예술가, 정치인은 물론 일반 시민까지 포함되어 있는 블랙리스트를 비밀리에 만들었고, 나아가 이들을 체포, 감금하는 법을 만들었다. 미국 사회에 비판적이었던 찰리 채플린도 '공산주의자' 라는 낙인과 함께 블랙리스트에 포함되었다. 결국 그는 미국에서의 영화 제작을 포기하고 중립국인 스위스로 도피했다. 그는 자신이 태어난 영국도 아니고 자신이 활동했던 미국도 아닌 제3국 스위스에서 사망했다. 그가 영국에 갈 수 없었던 것은 영국도 매카시 광풍의 이념적 탄압에서 예외가 아니었기 때문이다.

무성 영화의 시대뿐만 아니라, 영화사를 통틀어서 가장 위대한 감독이었던 찰리 채플린이 맞은 생의 마지막은 비극적이었다. 그의 영화가 우리에게 선사하는 '웃픈' 감정처럼 그의 생은 '웃픈' 것으로 가득 차 있다.

03

쇼트(shot)의 탄생과 편집이란 개념의 태동

1900~

쇼트(shot)의 발명으로 영화는 시간과 공간을 지배하게 되었다

1896년 〈기차의 도착〉으로부터 시작된 현대의 영화는 30여 년 동안 소리 없는 무성 영화의 시간을 걸었다. 이 시기에도 무성 영화 내부적으로는 혁명적인 변화들이 생겨났다. 그 변화 중 가장 중요한 것이 '쇼트(shot)'와 '편집(쇼트를 이어 붙이는 것)'의 발견이었다.

쇼트는 '커트(cut)'로 통용되는데 정확한 표현은 쇼트라고 할 수 있다. 쇼트의 개념이 중요한 이유는 영화를 구성하는 최소의 단위이기 때문이다. 문학의 최소 단위는 '문장'이라고 할 수 있다. 또 미술의 최소 단위는 '획'이라고 할 수 있다. 나아가 우리가 즐기는 게임의 최소 단위는 '유닛(unit)'이다. 그 최소 단위들이 모여 문학작품이 되고 그림이 되고 게임이 된다. 영화도 마찬가지이다. 엄청나게 복잡한 듯 보이지만, 결국 수백 개의 쇼트가 하나로 이어 붙여진 결과물이다.

쇼트 하나하나를 연관성 있게 잘 이어 붙이면 재미있는 영화가 된다. 초창기의 영화는 움직이는 사물이나 사람을 찍는 것에 골몰했다. 그러나 시간이 흐르면서 영화 제작자들은 움직이는 사물이나 사람을 찍기만 해서는 좋은 영화를 만들 수 없다는 사실을 깨닫게 되었다. 이 때부터 '어떻게 나누어 찍을 것인가?', '나누어 찍은 것을 어떻게 부드럽게 이어 붙일 것인가?'라는 문제를 고민하기 시작했다. 문학에 문장을 쓰는 기술이 필요하고 미술에 붓으로 획을 긋는 기술이 필요하듯이 영화에는 쇼트를 나누는 기술이 필요하게 되었다. 그리고 이 기술은 질적, 양적인 면에서 영화를 비약적으로 발전시켰다.

구체적으로 영화의 쇼트(shot)에는 어떤 것들이 있는가?

쇼트는 '영화의 화면이 끊어지지 않고 지속되는 단위'를 말한다. 영화는 수백, 또는 수천 개의 쇼트로 이루어진다. 쇼트 수가 적은 영화는 정적이며 쇼트 수가 많은 영화는 일반적으로 역동적이다. 멀리서 풍경이나 사람 등의 전체를 찍는 롱 쇼트(long shot), 사람의 머리에서 발까지를 찍는 풀 쇼트(full shot), 사람의 허리나 무릎까지만 찍는 미디엄 쇼트(medium shot), 사람의 얼굴이나 신체의 특정 부분만 크게 찍는 클로즈업(close-up), 사람의 눈과 같은 신체의 한 부분이나 사물의 한 부분만을 극단적으로 확대하여 찍는 익스트림 클로즈업 쇼트(extreme close-up shot) 등 영화에서는 여러 가지 쇼트들이 자연스럽게 등장하게 된다. 각각의 쇼트는 다양하게 연결되고 순간순간 어떤 부분에 강조점을 두게 되는데 관객들은 이를 통해 영화를 보는 재미를 느낀다.

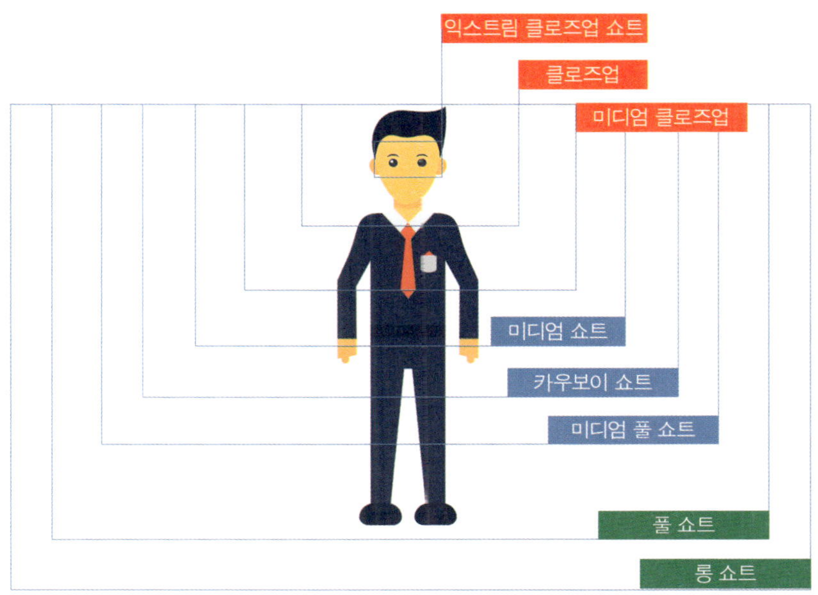

쇼트의 구별

그러나 처음부터 이렇게 다양한 쇼트의 구분이 있었던 것은 아니다.

하나의 쇼트가 한 편의 영화였다

최초의 영화인 〈기차의 도착〉은 편집이 없는 영화였다. 편집이 없다는 얘기는 쇼트가 구분되지 않았다는 말과 같다. 〈기차의 도착〉에는 처음부터 끝까지 역으로 들어오는 기차의 모습과 기차를 타고 내리는 군상들의 분주한 움직임이 롱 쇼트 안에 들어 있다. 당시에는 필름 통에 필름을 감을 수 있는 양이 아주 제한적이었다. 한 통의 네거티브 필름(negative film)을 다 쓰고 나면 새로운 필름을 다시 감아서 찍어야 했다. 한 쇼트가 필름 한 롤이 끝날 때까지 멈추지 않고 진행되었기 때문이다. 한 롤이 끝나면 다음 롤을 이어 붙였다. 이 시기에는 편집이 의도적인 것이 아니라, 끊어진 롤을 이어 붙이기 위한 어쩔 수 없는 선택, 즉 궁여지책이었다. 조금씩 서로 다르게 찍힌 쇼트가 연결된다고 하더라도 엄격한 의미에서의 편집은 아니었다.

네거티브 필름(negative film)은 뭐고 포지티브 필름(positive film)은 뭐야?

영화 제작의 역사에 관련된 책을 읽다 보면 네거티브 필름, 포지티브 필름이라는 단어가 자주 나온다. 현재는 디지털카메라를 사용하여 촬영하기 때문에 이런 용어를 사용할 일이 없어졌다. 대신 메모리, 픽셀, 화소, 4K 등의 용어가 사용되고 있다.

네거티브 필름은 원판을 말한다. 아주 쉽게 감광판이라고 이해하면 된다. 네거티브 이미지는 엑스레이 사진처럼 사물은 흰색으로 나타나고, 나머지 빈 공간은 검은색으로 나타난다. 이 원판은 단 하나만 존재한다. 네거티브 필름을 포지티브 필름으로 현상하면 우리가 보는 현실의 이미지가 나타난다. 영사기에서 포지티브 필름에 빛을 투과시키면 스크린에 영화가 상영되는 것이다. 하나의 네거티브 필름은 원하는 만큼의 포지티브 필름을 만들 수 있다. 10여 년 전, 1,000개의 영화관에서 영화를 개봉하기 위해서는 1,000개의 포지티브 필름을 만들어야 했다. 지금은 이런 복잡한 과정이 필요 없다. 영화 파일을 복사해서 인터넷으로 전달하면 된다. 이렇게 해서 오늘날의 영화는 전 세계 동시개봉이 가능해졌다.

A, C: 포지티브 필름 B, D: 네거티브 필름이다.
간단히 말하자면, 포지티브 필름은 눈으로 보는 것과 같다.

영화의 시간은 현실에서 지속되는 시간과 거의 같았다

예를 들어, 우리가 130여 년 전의 뤼미에르 형제가 되어 〈기차의 도착〉 대신 〈학교에 갈 준비〉라는 영화를 찍는다고 가정해 보자.

여기 한 롤의 필름이 있다. 그 롤로는 10분 정도의 분량을 찍을 수 있다. 카메라를 거실의 중간에 위치시킨 다음, 집 안의 풍경을 찍기 시작한다. 거실에 있던 엄마가 방문을 열고 들어와 이불을 걷어내면서 빨리 일어나라고 말한다. 겨우 눈을 뜬 나는 눈곱을 떼고 잠시 스마트폰을 보다가 다시 엄마의 목소리를 듣고 비틀거리며 거실로 나온다. 화장실에 들어가 소변을 보고 이를 닦고 세수를 한다. 다시 거실을 가로질러 식탁에 앉아 밥을 먹는다. 밥을 먹는 장면에서 10분이 지나갔다. 여기서 영화의 한 쇼트가 끝난다. 다시 필름을 감고 촬영을 시작한다. 밥을 마저 먹고 다시 방으로 들어가 교복을 입는다. 가방을 들고 나와 엄마에게 용돈을 달라고 손을 내민다. 학교에 가기 싫다고 투덜대며 신발을 신고 현관 밖으로 나간다. "학교 다녀올게요."라고 인사를 했는데, "아니, 오지 마."라는 엄마의 목소리가 들리고 영화가 끝난다.

이 영화는 두 개의 롤을 이어 붙였지만, 사실상 편집은 없다. 그리고 현실의 시간과 영화의 시간은 20분으로 거의 일치하게 된다. 이렇게 해서 만들어지는 영화는 현실의 시간에서 해방될 수 없었다. 이렇게 만든 〈학교에 갈 준비〉라는 영화를 만약 오늘날 극장에서 개봉한다면

35mm 필름을 사용하는 무비 카메라(좌측), 디지털 무비 카메라(중앙), 그리고 메모리 카드와 외장 하드(우측). 현재는 디지털카메라로 촬영하는 것이 일반적이어서 필름의 사용은 크게 줄었다.

아무도 보러 가지 않을 것이다.

극영화의 등장으로 사람들은 다양한 화면을 원했다

신기한 풍경도 자꾸 보면 지루하게 느껴진다. 영화는 사람과 자연을 찍는 것에서 출발했지만, 점점 더 오락적인 요소가 가미되었고 배우가 출연하는 영화가 많아졌다. 배우가 출연하는 영화를 흔히 '극영화'라고 부른다. 연극과 유사한 영화라는 말이다. 영화의 전개에 익숙해진 관객은 이제 영화의 빠른 전개와 배우의 다양한 모습을 보고 싶어 했다. 익숙해지면 이해도 빨라지는 법이다. 영화의 장면을 통해 내용을 충분히 이해하고 있는데 그 화면이 지속되고 있다면 누구나 지루함을 느낄 것이다. 비로소 영화에 롱 쇼트와 풀 쇼트가 구분되어 등장하기 시작했다.

'주인공이 황무지에서 조난을 당했다. 그는 온 힘을 다하여 물을 찾아 걷고 있다. 저 멀리 오아시스가 보인다. 오아시스는 주인공이 있는 자리에서 100여 미터쯤 떨어져 있다.'

이 장면을 과거의 방식으로 촬영한다면, 주인공은 황무지에서 오아시스까지 100미터를 걸어야 한다. 또 관객은 그 모습을 계속해서 지켜보고 있어야 한다. 이 장면에 무려 3분의 시간이 소요된다. 그러나 영화에서의 3분은 결코 짧지 않은 시간이다. 3분 동안 주인공이 걸어가는 모습을 보고 있어야만 하다니!

영화 제작자들은 이 문제를 해결하기 위해 골몰했다. 그리고 서로 다른 크기의 쇼트를 이어 붙이는 방법을 발견했다.

'먼저 원경의 길에 사람이 작게 보이는 롱 쇼트를 찍는다. 관객은 조난자의 지친 모습을 보고 싶어 한다. 그다음에 길을 걸어가는 사람의 모습을 머리에서 발까지 찍은 풀 쇼트로 이어 붙였다.'

관객은 흥분했다. 이제 배우의 디테일한 모습을 보며 영화에 몰입할 수 있었다. 그러나 여전히 주인공의 허리 위를 자르거나 목을 잘라 얼굴만을 찍는 장면 같은 것은 상상도 하지 못했다. 그것은 인체를 절단

한 괴상한 모습이 되었다. 사람들은 영화 속의 인물이 살아 있는 실제 사람이라고 생각했다. 이렇듯 초기의 영화 편집은 아주 단순한 쇼트의 접합으로 이루어졌다. 이 시기의 영화는 극단적인 롱 쇼트, 롱 쇼트, 풀 쇼트 등으로 구성되었다. 하지만, 이것단 해도 대단한 성취였다.

관객은 편집을 통해 시간의 단축을 경험하게 되었다

영화에서 편집은 '시간 혁명'이었다. 영화는 현실의 시간에 좌우되지 않고 자유롭게 시간을 단축할 수 있게 되었다. 예를 들어, 어떤 사람이 다리를 건넌다고 생각해 보자. 쇼트의 구분이 없고, 쇼트의 편집이 불가능한 시대에는 인물이 다리를 건너서 집에 들어갈 때까지 1분이 필요하다면, 별수없이 1분 동안의 장면을 카메라에 담아야 했다. 재미없는 장면을 1분 동안이나 보고 있어야만 했다. 〈기차의 도착〉이 상영되었을 때처럼 화면 속에서 움직이는 사람을 단순히 구경하는 것이 신기한 경험이었다면 참을 만한 시간일 수도 있다. 그러나 이미 설명한 것처럼 극영화가 만들어지면서 사람들은 영화의 줄거리, 사건의 전개를 흥미진진하게 보고 싶어 했다. 관객의 관심사는 주인공이 다리를 건너는 1분의 시간이 아니라 '다리를 건너서 집으로 돌아간 주인공에게 어떤 괴상한 사건이 벌어질까?' 하는 종류의 상상력을 충족시키는 것이었다.

1분을 20초로 단축하다

극단적인 롱 쇼트로 다리 입구로 들어서는 사람을 5초 동안 보여준 다음, 곧바로 풀 쇼트로 걷고 있는 사람을 연결하여 다시 5초 동안 보여주고, 롱 쇼트에서 다리를 건너 화면 밖으로 사라지는 사람을 5초 동안 보여준다. 그다음에 집 안으로 들어오는 사람을 5초 동안 찍으면 40초의 생략이 이루어진다. 이렇게 시간을 자르고 생략함으로써 2시간이라는 짧은 시간 동안 1년 동안 벌어지는 대사건을 기록할 수 있게 되었다. 쇼트의 발명은 연극과 유사한 방식으로 전개되었던 극영화가 영화만의 특징을 갖는 계기가 되었다. 연극에는 편집이 없다. 연극에서 가능한 것은 1막, 2막 등의 막과 막 사이의 구분밖에 없다. 무대 위의 장면들을 잘라서 이어 붙일 수 없기 때문이다. 이런 연극과 달리 영화는 시간과 공간의 제약으로부터 자유를 쟁취했다. 쇼트의 분할을 통하여 시간과 공간을 자유자재로 활용할 수 있게 된 것이다.

쇼트와 편집을 잘 사용한 무성 영화에는 어떤 것이 있을까?

이 시기 쇼트와 편집은 어느 한 사람의 발명품이 아닌, 영화 제작자들의 공통적인 열망이 반영된 것이었기 때문에 자연스럽게 시대의 유행을 선도했다. 앞에서 설명한 《황금광 시대》를 만든 찰리 채플린, 《게임의 규칙(The Rules of the Game)》이라는 불멸의 명작을 만든 장 르누아르, 〈대열차 강도(The First Great Train Robbery)〉로 관객의 혼을 쏙 빼놓은 에드윈 포터, 《태어나기는 했지만(I was Born, But……)》과 같은 다수의 명작을 만든 일본의 오즈 야스지로 감독 등은 쇼트와 편집을 정확하게 구사한 감독들이라고 할 수 있다. 영화의 기초인 쇼트의 의미를 제대로 이해하고 구현했다는 평가를 받는 이들은 지금까지도 영화를 만드는 이들에게 영화의 교과서로 추앙받고 있다.

연극과 달리 시간과 공간의 제약에서 자유를 얻은 영화는 비약적인 발전을 거듭했지만, 그렇다고 해서 연극이나 연극적 방식을 차용해서 만든 영화가 시대에 뒤처지는 것은 아니었다. 오히려 세계적인 거장으로 손꼽히는 영화감독 중에는 연극적인 방식의 영화를 선호하는 사람도 있다. 그들은 한 장면을 편집 없이 길게 찍는다. 또한 장면 장면을 연극의 무대처럼 구미기도 한다. 그들은 시간과 공간으로부터의 해방이 반대로 영화를 퇴보시킨다고 주장했다.

실제로 오늘날에는 시간과 공간으로부터의 자유를 남용해서 쓸데없이 자잘한 쇼트를 이어 붙인 영상물이 난무하고 있다. 디지털카메라의 사용으로 누구나 영화를 만들 수 있게 된 오늘날에는 이런 경향이 더욱 강해졌다. 의도를 알 수 없는 영상을 얼기설기 이어 붙여 만든 영상물도 어렵지 않게 찾아볼 수 있다. 그러나 잘 만든 영화를 보면 하나의 쇼트는 정확하고 힘이 넘친다. 문학에 문장의 힘이 중요한 것처럼 영화는 쇼트의 힘이 기초가 된다.

쇼트의 의미를 구현한 최초의 서사 영화 〈대열차 강도〉

여기서는 1903년에 만들어진 에드윈 포터(Edwin Porter)의 〈대열차 강도〉를 살펴보기로 한다. 이 영화는 1903년에 만들어진 13분짜리 단편 무성 영화이다. 그때까지는 일상화되지 않은 클로즈업을 사용하여 관객들을 흥분시켰다. 그러나 클로즈업은 〈대열차 강도〉 이후 상당한 시간이 흐른 후에야 영화의 일상적인 문법으로 자리매김하게 되었다.

에드윈 포터는 쇼트와 쇼트를 역동적으로 편집하여 열차 안에서 벌어지는 사건을 긴장감 있게 묘사했다. 다른 측면에서 보면, 단편영화이기에 그런 파격적 실험이 가능했다고 볼 수도 있다. 단편영화는 장편영화에 비해 제작비에 대한 부담이 적기 때문에 다분히 실험적이고 개인적 취향이 강하게 배어 있는 작품의 구현이 가능하다. 대자본이 투입되는 장편영화의 경우에는 극장 상영을 통하여 수익을 창출한다는 목적에 맞게 상대적으로 쇼트와 편집이 안정적인 방식으로 이루어지는 경향이 강했다. 관객들이 수용하기 힘든 실험적이고 모험적인 편집은 관객으로부터 외면을 받아 실패할 위험이 컸기 때문이다. 이와 달리 단편영화의 경우에는 '모 아니면 도' 식으로 모험을 해볼 여지가 있었다. 이것이 1903년에 〈대열차 강도〉라는 파격적인 영화가 탄생할 수 있었던 배경이 되었다.

〈대열차 강도〉의 줄거리

　〈대열차 강도〉는 지금의 관점으로 보면 어린 학생들도 충분히 지어 낼 수 있는 뻔한 이야기이다. 그러나 이 영화가 나오던 즈음의 영화에서 는 이야기의 구조에 대한 고려가 거의 없었다. 기차가 도착하는 장면이 나 집을 짓는 장면, 사냥을 하는 장면 등 현실의 모습을 그대로 찍은 영 화가 대부분이었다. 〈대열차 강도〉는 단편이기는 하지만 서사, 즉 이야 기의 구조를 처음으로 도입한 영화였다. 이후에 이야기의 구조, 즉 스토 리가 있는 영화에 관객들이 열광하자 영화 제작자들은 점점 더 시나리 오의 중요성을 절감하게 되었다. 〈대열차 강도〉의 이야기는 간단하다.

　'두 명의 강도가 전화국에 침입한다. 전화국 교환원을 총으로 협박 한 강도는 달리는 열차를 세우라는 긴급 신호를 보내라고 명령한다. 교 환원은 철도관리원에게 기차를 세우라는 신호를 보내고, 철도관리원 은 달리는 기차를 중간에 세운다. 이때, 매복해 있던 강도 네 명이 기차 에 올라와 기관사와 화부를 살해하고, 승객들의 주머니를 털어 산속으 로 도망친다. 전화국에 묶여 있던 교환원은 결박을 풀고 강도가 들었 다는 사실을 경찰서에 신고한다. 보안관들은 강도들을 잡으러 산으로 향한다. 그곳에서 보안관들이 총격전 끝에 강도들을 사살하고, 그들이 빼앗은 돈과 보석을 되찾는다.'

영화는 악당들을 물리치는 보안관의 승리로 끝난다. 이를 통해 이 영화는 최초의 '서부영화(Western Movie)'로 자리매김했다. 미국인들이 좋아하는 총격전과 광활한 미국의 대지, 외딴 마을에 창궐하는 악당들을 물리치는 보안관의 활약은 서부영화의 기본 토대가 되었다. 이후 〈대열차 강도〉를 모방한 수많은 장편 서부영화가 개봉하게 되었다.

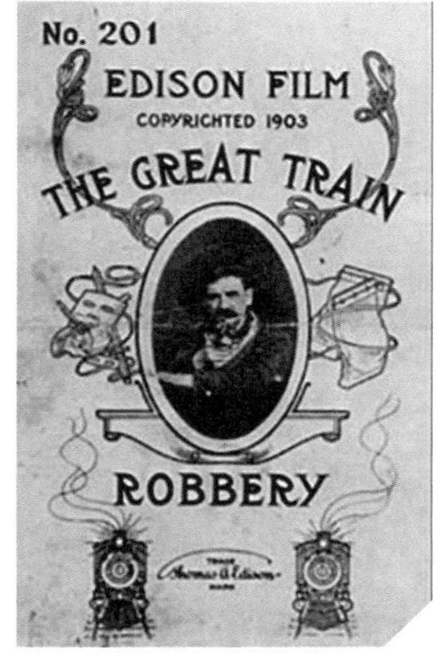

〈대열차 강도〉의 홍보 포스터와 영화의 한 장면

최초의 영화 〈기차의 도착〉 이후 불과 몇 년 만에
이렇게 흥미로운 영화가 만들어질 수 있었던 이유는 무엇일까?

〈대열차 강도〉와 같은 재미있는 영화가 만들어진 데는 그만한 이유가 있다. 이 영화의 감독인 에드윈 포터(Edwin Porter)는 원래 영화 촬

서부영화라는 용어는 어떻게 생겨난 것일까?

서부영화라는 말은 미국의 역사 속에서 탄생한 용어이다. 미국이 영국과의 전쟁에서 승리하여 독립했을 때, 미국의 영토는 뉴욕과 워싱턴이 있는 동부, 흑인 노예를 부려 농사를 짓는 남부에 한정되어 있었다. 중부와 서부는 여전히 인디언들이 살고 있는 곳이었다. 미국인들은 영토를 확장하기 위하여 중부와 서부를 정복하기 시작했고, 그 와중에 인디언들의 격렬한 저항에 부딪혔다.

미국인의 관점에서 보면 인디언들은 '악당'이었다. 결국 백인에 저항했던 인디언들은 학살당했고, 살아남은 일부는 한정된 보호구역에서 살아가는 운명에 처하게 되었다. 그 결과 미국의 영토는 로키산맥을 넘어 서부의 샌프란시스코와 로스앤젤레스(LA)까지 확장되었다. 이 정복은 미국인들의 자긍심이 되었고, 그들의 선조들을 자랑스럽게 여겼다. 이런 과거에 대한 향수가 서부영화라는 장르로 나타났던 것이다.

미국 서부영화에서 인디언들은 미국인들의 정당한 거주지를 약탈하는 침략자로 등장한다. 그들을 물리치는 것은 선량한 사람들을 보호하려는 보안관들이다. 물론 서부영화에 인디언과 보안관만 등장하는 것은 아니다. 백인 악당이 등장하기도 한다. 정복된 넓은 땅에 미국인 정착촌이 생긴다. 마을과 마을 사이의 거리는 마차로 하루를 달려야 한다. 치안이 불안한 오지마을에 강도와 같은 무법자들이 출몰하는데 보안관들이 이들을 제압한다는 이야기로 마무리된다.

위쪽부터 시계방향으로: 서부영화 《황야의 결투(My Darling Clementine)》의 한 장면, 서부영화 《역마차(Stagecoach)》의 포스터, 말을 탄 인디언들의 모습

영기사였다. 그는 다양한 영화를 촬영하면서 영화의 기법을 섭렵했고 필름의 특성에 대해 누구보다 완벽하게 이해할 수 있었다. 영화감독은 1년에 기껏해야 1~2편의 영화를 만드는 것이 최선이지만, 촬영기사는 1년에 10편 이상의 영화를 촬영하는 것도 가능했다. 에드윈 포터는 촬영기사로 일하는 동안 다양한 영화를 경험했고 이렇게 만들어진 여러 영화의 장단점을 비교할 수 있는

〈대열차 강도〉의 감독 에드윈 포터

기회를 가지게 되었다. 그 과정에서 그는 독창적인 쇼트와 편집을 실험할 수 있었고 그 결과 〈대열차 강도〉라는 흥미로운 영화를 만들었던 것이다.

〈대열차 강도〉는 단편 무성 영화였다. 하지만, 에드윈 포터의 파격적인 실험이 의외의 성공을 거두었다. 〈대열차 강도〉는 미국 전역의 도시를 순회하며 상영되었고 관객들의 관심을 불러일으켜 흥행에도 성공했다. 장편영화의 수익에는 미치지 못했지만, 제작비 대비 엄청난 성공을 거둔 영화라고 할 수 있다.

04

영화의 백미,
클로즈업의 일상화

1915~

화면을 가득 채운 몇 미터 크기의 얼굴에 경악하다!!

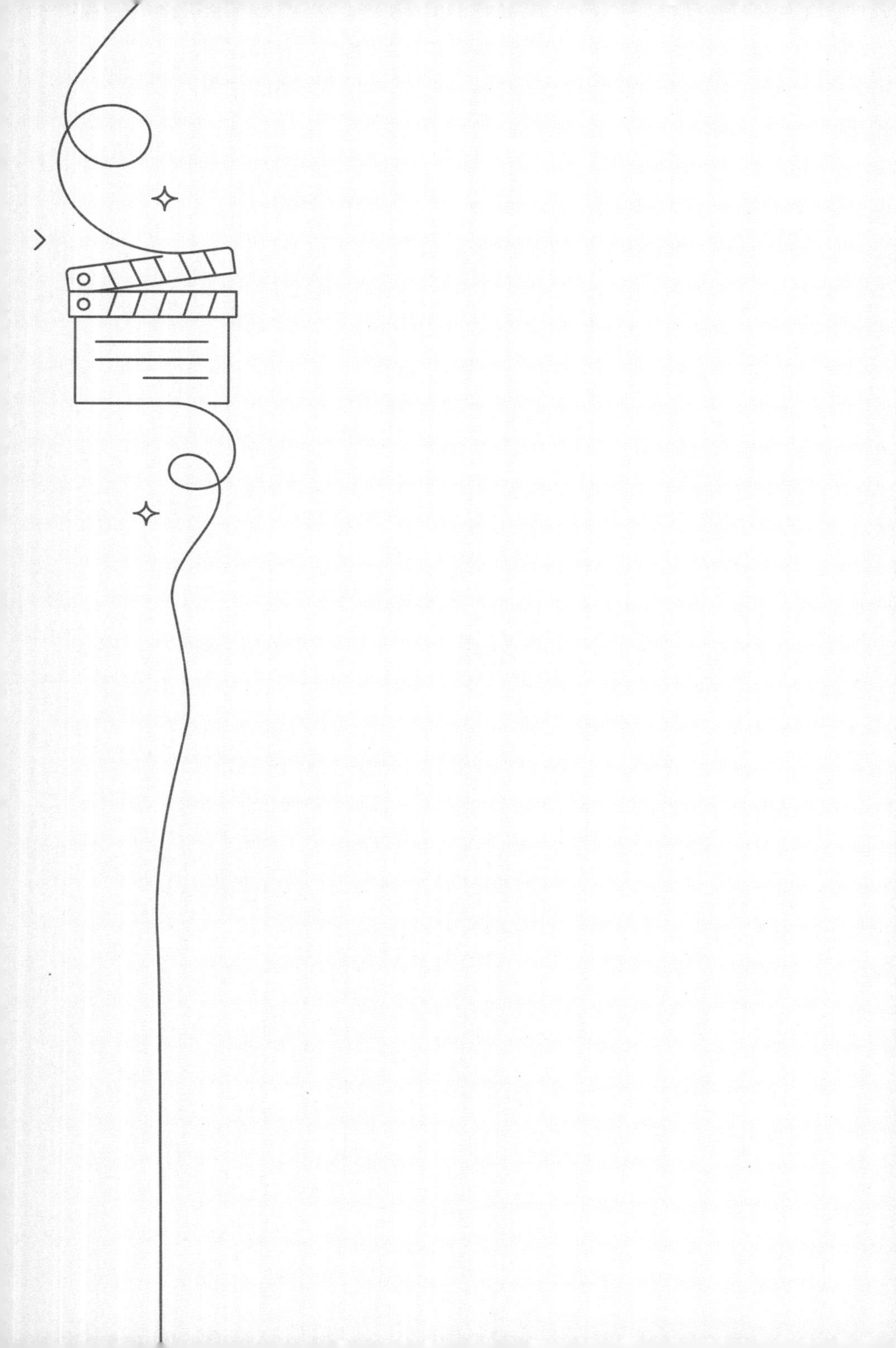

영화는 점점 더 배우와 재미있는 스토리를 중요하게 여기는 방향으로 나아갔다. 배우는 대개 전형적인 미남 미녀들이었다. 현대 영화에서는 캐릭터에 맞게 평범한 사람, 마른 사람, 뚱뚱한 사람, 웃기게 생긴 사람, 무섭게 생긴 사람 등 개성 있는 인물들이 필요한 경우가 많기 때문에 모든 영화에서 미남과 미녀를 볼 수 있는 것은 아니다. 하지만, 초기의 영화에는 개성 있는 캐릭터를 가진 다양한 인물이 필요하지 않았다. 이야기는 단순했고, 등장인물도 주연 배우 한두 명이 중심이었으며, 나머지는 주인공의 가족이나 친구 등 비중이 크지 않은 사람들이 대부분이었다.

영화배우는 전문적인 직업이 되었고 배우들은 제작 스튜디오와 전속계약을 맺었다. 그들은 자신이 소속된 스튜디오에서 제작하는 영화에 출연했는데, 1년 동안 여러 편의 영화에 출연하는 경우가 비일비재했다. 영화는 인기배우 중심으로 점점 산업화되어 갔다. 사람들의 관심사는 영화를 만든 사람이 누구인가에서 영화에 출연하는 배우가 누구인가로 옮겨가기 시작했다.

사람들은 유명 배우의 모든 것들을 알고 싶어 했다. 지금은 인터넷, TV, 신문과 같은 다양한 미디어는 물론 배우들의 SNS를 통해 배우들의 여러 가지 모습을 쉽게 접할 수 있지만, 과거에는 그들의 모습을 볼 수 있는 수단은 오직 영화밖에 없었다. 관객들은 자신이 좋아하는 배우의 모습이나 얼굴은 물론 눈이나 코, 입술과 같은 디테일한 부분에도 관심을 보이기 시작했다. 이것은 영화의 내용과는 상관없는 관심이었다.

영화감독들은 배우의 얼굴을 클로즈업 하는 것을 두려워했다. 스크린의 크기가 가로 5미터, 세로 2미터라고 했을 때, 배우의 얼굴이 2미터의 스크린을 가득 채우는 클로즈업 장면은 부담스러웠기 때문이다. 문제는 그것만이 아니었다. 배우들 역시 클로즈업 장면에 대해 극도로 민감하게 반응했다. 평상시에는 잘 보이지 않는 배우들의 얼굴에 있는 작은 흠결까지도 적나라하게 드러났기 때문이다.

그러나 배우들의 얼굴이 대중의 관심사가 된 이상, 감독이나 배우들도 더는 클로즈업 장면을 외면할 수 없었다. 이 문제를 해결하기 위해 전문 분장사가 등장했다. 분장을 통해 얼굴의 잡티 등을 가릴 수 있었다. 이로써 이전에는 상상할 수 없었던 일이 벌어졌다. 배우의 전체 모습을 보는 것에 익숙했던 관객들에게 이전의 영화는 연극과 유사했다. 하지만, 이제 영화는 연극과 확연히 달라졌다. 연극에서는 불가능한 클로즈업이라는 '신기술'이 등장했기 때문이다. 어둠 속에서 몇 미터나 되는 배우의 얼굴을 보면서, 관객들은 영화만의 환상을 만끽했다.

때로는 관객들이 영화 속의 잘생긴 남자와 아름다운 여자의 외모에 빠져 연기와 이야기의 단점을 지나치는 경우도 있다. 다른 관점으로 보면, 연기력보다 외적인 매력이 부각되면서 배우의 연기나 자연스러운 이야기의 구성처럼 정작 더 중요하게 다루어져야 할 요소들을 소홀히 하는 부작용이 나타나기도 했다.

스크린에 구현된 클로즈업 화면과 풀 쇼트 화면

영화의 산업화를 상징하는 '스튜디오 시스템'

영화는 유럽에서 만들어졌지만, 대서양을 건너 미국에서 꽃을 피웠다. 미국은 광대한 영토와 금광의 발견, 공업의 발전으로 이미 19세기 말과 20세기 초에 유럽의 경제력을 추월했다. 나아가 1, 2차 세계대전을 거치면서 그 격차는 더 벌어졌다. 전쟁으로 유럽은 파괴되었지만, 미국은 전쟁을 통해 부를 축적했다. 미국은 유럽 전역에서 진행되었던 전쟁에 막대한 물자와 무기를 보급했다. 군수산업은 미국의 경제를 급속도로 발전시켰다.

이런 상황에서 20세기 초에 영화산업이 미국으로 유입되자, 미국에서는 막대한 자본을 투입해 영화산업 단지인 할리우드를 탄생시켰다. 미국의 영화산업에 비하면 유럽의 영화계는 '가내수공업'이라고 할 수 있는 정도였다. 유럽에서는 시나리오 작가, 감독, 제작자, 스태프 등이 모두 독립적인 상태를 유지하다가 필요에 따라 그때그때 이합집산하면서 영화를 만들었다. 이와 달리, 미국에서는 '스튜디오 시스템(Studio system)'을 만들었다. 스튜디오 시스템은 영화 스튜디오 한 곳에서 영화의 A부터 Z까지를 모두 관장하는 '대기업' 시스템이라고 할 수 있다. 그들은 대규모로 직원을 채용했다. 배우, 스태프, 감독, 시나리오 작가 등을 스튜디오에서 전속으로 고용해 마치 공장에서 자동차를 생산하는 것처럼 영화를 제작했다. 또한, 이들은 극장 배급망도 구축하고

있었다. 한 편의 영화가 배급되기 시작하면 다른 쪽에서는 이미 영화
촬영을 끝내고 상영할 준비를 하는 식이었다. 오늘날 세계 영화산업의
주도권을 쥐고 있는 스튜디오 MGM, 파라마운트, 20세기 폭스, 유니
버셜, 디즈니 등은 이렇게 이미 오래전부터 만들어져 있었던 것이다.

미국의 영화산업을 상징하는 할리우드의 디즈니 스튜디오의 모습

'스타 시스템'의 탄생

영화는 점점 더 산업화, 상업화되었다. 스타 배우가 영화의 중심인 시대로 접어들었다. 대중으로부터 인기를 얻은 배우는 한 해에 십여 편의 영화에 동시다발적으로 출연하기도 한다. 이제 블록버스터 영화는 감독이 아니라 배우의 영향력에 의해 탄생하는 시대가 된 것이다. 이런 '스타 시스템(Star system)' 현상은 할리우드에서 시작되었고 지금은 전 세계 영화계의 일반적인 흐름으로 정착되었다. 이는 대한민국 영화계도 마찬가지다. 영화에서 감독보다 배우의 영향력이 절대적이다. 극장을 찾는 관객들 중에서 감독을 모르는 경우는 있어도 출연하는 배우를 모르는 경우는 거의 없다.

클로즈업(Close-up)의 일상화와
익스트림 클로즈업(Extreme Close-up)의 탄생

관객은 배우에 대해 점점 더 많은 것을 알고 싶어 했다. 사생활뿐만이 아니라 화면 속에서도 더 많은 것을 집요하게 보고 싶어 했다. 풀 쇼트에서 보이는 배우의 모습만으로는 관객의 욕구를 충족시키지 못했다. 배우의 얼굴을 자세하게 보고 싶어 했고, 나아가 화면에 비친 멋

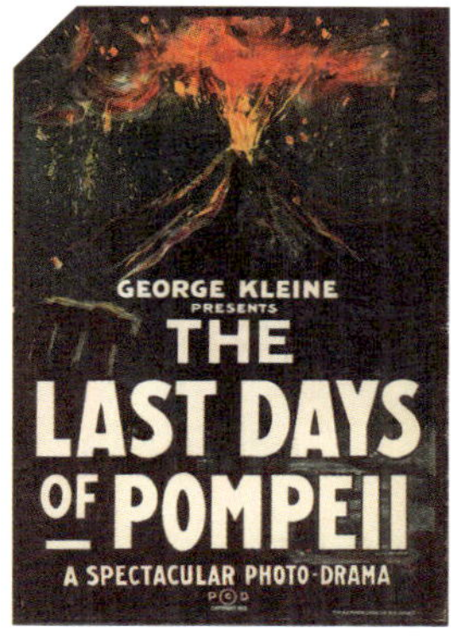

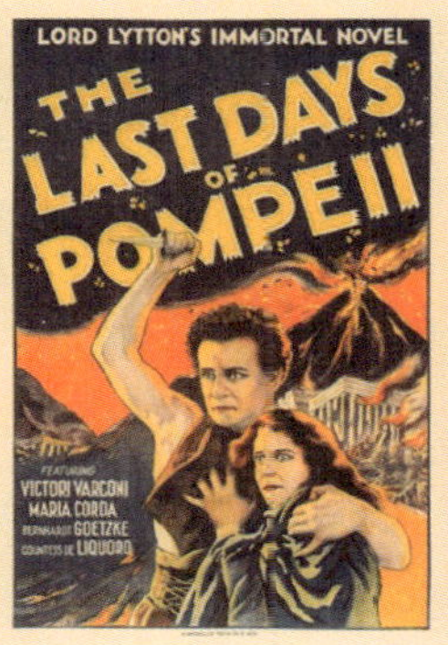

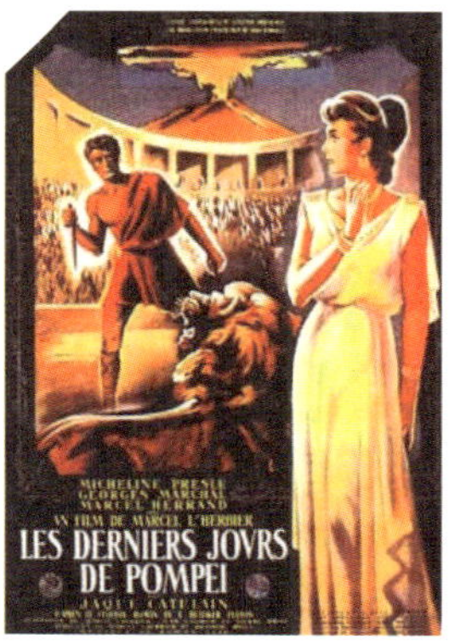

모두 《폼베이 최후의 날》이라는 영화의 포스터이다. 왼쪽 상단의 포스터가 가장 오래된 것이고, 오른쪽 하단의 포스터가 최신의 것이다. 초기의 영화 포스터에도 배우의 얼굴이 나오지만, 영화의 전체 분위기를 강조하는 편이다. 반면에 현대의 영화 포스터는 배우의 얼굴을 강조한다. 스타 시스템이 정착되었기 때문이다.

있고 아름다운 배우들의 모습을 보고는 그들의 외모를 닮고 싶어 했다. 처음에는 얼굴을 자른 화면이 용납되지 않았다. 배우의 목이나 가슴을 베는 것과 같다고 느꼈다. 그러나 관객이 왕이다. 영화를 만드는 제작자들의 목적은 수입을 올리는 것이다. 이들은 관람료를 지불하고 영화를 보러오는 관객의 취향과 시대적 요구를 무시할 수 없었다. 그러한 요구로 인하여 〈대열차 강도〉 같은 단편영화에서 실험적으로 사용되었던 클로즈업이 일상화되었고, 나중에는 여기서 더 나아가 익스트림 클로즈업이 영화 전반에 유행하게 되었다.

클로즈업의 양면성

클로즈업이 일상화된 이유를 일부의 사람들은 화면에 클로즈업된 얼굴을 통해 배우의 내면 연기를 감상하려는 관객들의 욕구에서 찾기도 한다. 미세한 눈동자의 움직임, 입술의 떨림, 볼 근육의 경련과 같은 것들 말이다.

그러나 배우의 내면 연기는 풀 쇼트나 미디엄 쇼트로도 충분히 파악할 수 있다. 미디엄 쇼트만으로도 스크린에 비친 얼굴은 충분히 크기 때문이다(이것이 영화와 연극의 근본적인 차이이다). 이보다 크게 비추는 것은 뭔가 기괴한 느낌을 주었다. 처음에 클로즈업에 익숙하지 않은 관객은 얼굴의 크기에 놀랐고, 익스트림 클로즈업을 통하여 눈동자나 입술이 확대되었을 때는 얼굴이 조각난 것으로 착각하기도 했다. 그러나 그런 관객은 소수였고, 대부분의 관객들은 자신들이 좋아하는 배우들의 디테일한 모습에 호기심을 느끼며 이를 즐겼다.

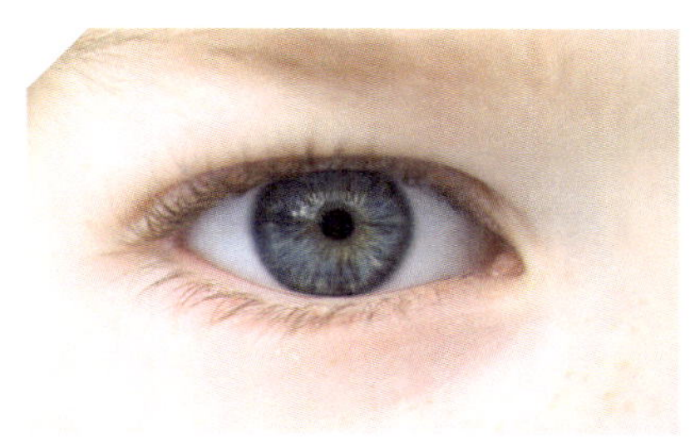

익스트림 클로즈업과 클로즈업의 예

　　이렇듯 클로즈업과 익스트림 클로즈업의 유행은 관객들의 호기심, 또는 비밀을 엿보고 싶은 심리인 '관음증'의 충족과 관련이 있다. 영화감독의 입장에서는 클로즈업 자체가 일종의 과장이기 때문에 꺼려지는 쇼트였을 것이다. 그러나 누구도 대중의 요구를 무시하지 못했다. 대중의 요구를 수용하는 것은 어쩌면 엄청난 제작비를 필요로 하는 예술인 영화의 숙명이었다. 하지만, 다른 한편으로 이것은 영화가 지속적으로 변화하고 발전해 나갈 수 있는 자양분이 되기도 했다.

미국에서 꽃핀 대중영화

　　이제 본격적인 대중영화가 만들어질 수 있는 환경이 조성되었다. 〈대열차 강도〉의 이야기 구조(시나리오)와 편집의 현란함, 클로즈업과 익스트림 클로즈업의 사용을 통한 감정의 과장과 증폭, 거대한 스튜디오 시스템에서 무한정 제공되는 제작비, 대중의 인기를 누리고 있는 배우들, 미국 전역의 극장에 영화를 상영할 수 있는 배급망의 완성 등은 현대의 영화 개봉과 같은 기동성과 규모를 자랑하게 되었다.

영화가 탄생한 지 수십 년이 채 지나지 않은 상황에서 영화는 '움직이는 그림'을 보고자 했던 사람들의 호기심을 충족하는 예술에서 황금알을 낳는 자본주의의 예술로 성장했다. 그 정도로 영화의 발전과 성장은 기술의 혁명이자 예술의 혁명이었다. 인류 역사상 이만큼 짧은 시간에 이만큼의 파급력과 성장을 이룬 예술 장르는 없었다.

영화가 만든 유행, 그리고 가십과 논란

1915년에 만들어진 데이비드 와크 그리피스(David Wark Griffith) 감독의 《국가의 탄생(The Birth of a Nation)》은 영화 미학적인 면은 물론 영화산업적인 측면에서도 위대한 업적을 남긴 대중영화였다. 《국가의 탄생》을 기점으로 영화는 현대 영화의 기본 틀을 정립했다. 《국가의 탄생》이라는 영화는 탄탄한 시나리오, 인기 있는 배우, 재능 있는 감독, 편집의 자유로움과 현란함 등으로 관객들을 사로잡았다. 단지 시대적 한계로 인해 소리가 없는 무성 영화였다는 것이 흠이라면 흠일 뿐이다. 클로즈업과 극단적 클로즈업이 화면에 나타났을 때 관객은 경악했지만, 이는 긍정적인 의미의 충격이었다.

팬 미팅을 하는 스타들의 모습과 팬클럽 사이트

《국가의 탄생》 이후 영화의 파급력이나 영향력은 이제 단지 영화의 흥행이나 그 결과로 거둬들이는 수익이 전부가 아니었다. 관객들은 남녀 배우의 입술이나 눈 등을 닮고 싶어 했다. 관객들은 배우들과 같은 방식으로 화장을 했고, 배우들이 착용하는 장신구에도 관심을 기울였다. 그 결과 배우를 열광적으로 좋아하는 팬들, 즉 일종의 '팬덤'이 만들어졌다. 이제 영화는 사회 전반의 유행, 또는 가십과 논란을 생산하는 이슈의 중심이 되었다. 오늘날 우리가 목격하고 있는 스타들의 엄청난 팬덤은 이 시기에 형성되었던 영화버우들의 팬덤이 그 시작이었다.

시대의 분위기를 반영한 대표적인 대중영화, 《국가의 탄생》

이 영화는 제목 그대로 미국이라는 '국가의 탄생'을 다루고 있다.

남북전쟁 당시 남부의 카메론 가문과 북부의 스톤맨 가문의 연애, 삶과 죽음의 가족사를 다루는 극영화와 미국 사회를 충격으로 몰아넣었던 링컨 대통령 암살 사건, 남북 전쟁 등의 다큐멘터리가 혼합되어 있는 대서사시이다. 미국에서 만들어진 최초의 장편영화로 기록되어 있으며, 무려 2시간 45분에 이르는 긴 상영 시간 때문에 중간에 휴식 시간을 두고 있다.

사회적 논란과 흥행

이 영화는 미국 백인 우월주의자의 관점에서 만들어졌다는 비판을 받곤 한다. 개봉 당시에도 그런 논란이 있었고, 지금까지도 그 부분에 대한 평가는 변함이 없다. 흑인이 백인 여자를 겁탈하거나 K가 새겨진 하얀 두건을 뒤집어쓴 백인 우월주의자 단체인 KKK단을 미화하고 있기 때문이다. 당시에도 이에 반대하는 시위로 인하여 영화의 상영이 금지된 도시가 있을 정도였다.

그러나 영화는 관객, 특히 백인들을 사로잡았다. 섬세한 편집, 장대한 스토리라인, 과감한 클로즈업을 통한 호기심의 충족 등과 같은 영화적 매력에 더해 백인 중심적이고 애국주의적인 주제는 신생 국가인 미국의 주류 백인들을 극장으로 불러들였다. 당시에는 흑인의 극장 출입이 금지되어 있었을 뿐만 아니라, 흑인들 대부분은 영화를 관람할 정

KKK단의 잔혹함과 흑인들의 비참한 모습을 생생하게 보여주는 영화 《국가의 탄생》

도의 시간적인 여유와 경제력이 없었다.

인종차별 논란은 이 영화가 유명허지는 데 많은 영향을 미쳤다. 고의로 이슈를 만들어서 사람들의 호기심을 불러일으키는 '노이즈 마케팅(noise marketing)'이 홍보 효과로 작용했기 때문이다. 어차피 미국은 백인의 나라였고, 대부분의 미국인은 백인 우월주의를 자연스럽게 생각하고 있었다. 이 영화가 만들어진 시기가 1915년이라는 사실을 감안하면 이것은 놀라운 일이 아니다. 흑인들이 미국에서 법적으로나마 평등권을 쟁취한 것은 1960년대 이후의 일이었기 때문이다.

이 영화는 당시 미국 전역에서 2,500만 명의 관객을 동원했고, 20여 년이 지난 1930년대에는 유성 영화로 제작되어 다시 개봉하기도 했다. 이렇게 《국가의 탄생》은 영화사 최초의 블록버스터가 되었다.

블록버스터(blockbuster)는 제2차 세계대전에서 영국 공군이 사용하던 대형 폭탄의 이름이었다. 그런데 언젠가부터 폭탄 한 방으로 한 마을을 초토화하듯 영화 한 편으로 폭발적인 수익을 올리는 영화에도 이 용어를 사용하게 되었다. 블록버스터 영화에는 엄청난 제작비와 촘촘한 배급망, 그리고 제작비에 상응하는 막대한 광고비가 투입된다. 《스타워즈》나 《반지의 제왕》처럼 여름방학이나 겨울방학, 그리고 추석이나 설 등의 시기에 맞춰 개봉하는 대부분의 할리우드 영화는 블록버스터라고 보면 된다. 한국 영화 중에서 블록버스터라고 불릴 만한 작품으로는 《명량》이나 《태극기 휘날리며》를 들 수 있다. '폭탄'에서 비롯된 어원에 걸맞게 전쟁영화가 주를 이루고 있는 것이 특이하다.

데이비드 와크 그리피스 감독의 고민과 예술적 성취

영화 《불관용intolerance》의 포스터

《국가의 탄생》에서 나타나는 백인 우월주의와 흑인 혐오의 관점은 그리피스 감독에게 커다란 오점으로 남았다. 《국가의 탄생》 이후, 그는 자신이 백인 우월주의를 지지하지 않는다는 것을 보여주기 위해 시대와 현실의 장벽을 초월하는 사랑의 이야기를 다룬 《불관용(Intolerance)》이라는 영화를 만들었다. 《국가의 탄생》과는 달리 누구에게나 적용되는 보편적인 사랑을 그렸다. 그러나 《불관용》은 《국가의 탄생》만큼 대중의 지지를 받지 못했다. 당시로서는 대중이 이해하기 어려운 파격적인 이야기 구조를 가지고 있었기 때문이다. 그러나 그는 이 영화를 통해 대중적 성공을 거두지는 못했지만, 예술적 성취를 이루었다.

성취1: 영화 《불관용》의 교차편집

여기에는 4개의 시대와 인종을 초월한 사랑의 이야기가 전개되는데, 하나가 끝나고 하나가 나오는 것이 아니라, 4개가 교차되면서 이야기가 펼쳐진다. 시간의 순서도 과거, 현재, 미래로 진행되는 일반적인 방식이 아니라, 과거, 현재, 미래의 순서를 뒤바꿔가며 편집되어 있다. 관객은 현재에서 과거로, 다시 미래로 시간 이동을 해야 했다. 이것은 당시의 일반적인 영화 문법을 뒤집는 것이었다. 당시의 영화는 꼭 시간 순으로, 사건이 전개되는 순서에 따라 배열되었던 것이다. 당시의 관객은 이 교차편집을 어려워했다.

과거에는 복잡하게만 보였던 교차편집이지만, 지금은 영화뿐 아니라 일상생활의 일부가 되었다. SNS가 일반화되기 전, 사람들은 편지를 썼다. 편지는 교차편집이 불가능하다. 영수가 영미에게 편지를 쓰면, 영미는 편지를 다 읽고 답장을 써야 한다. 한 가지 일이 완전히 끝난 후에 그에 대한 반응으로 새로운 일이 이어졌던 것이다.

하지만, 지금은 두 명이 쓰는 문장이 동시에 교차된다. 내가 답을 보내기도 전에 이미 다른 문장이 뜨기도 한다. 더 나아가 친구 세 명이 '카톡'으로 대화를 나눈다고 생각해 보자. 세 사람은 각자 문장을 보낸다. 서로 타이밍이 어긋난다. 시간이 뒤섞인다. 이미 다른 얘기를 하고 있는데, 아까 보낸 물음에 대한 답이 뒤늦게 도착한다. 대상을 지정하지 않았기 때문에 누구에게 보낸 것인지도 불분명해 보이지만, 이를 이해하지 못하는 사람은 없다. '아, 이게 아까 보낸 내 문장에 대한 답이구나. 밥을 먹고 있어서 이제야 보냈구나.'라고 생각하는 것이다. 하지만, 과거에는 이렇게 시간이 뒤섞이는 것에 대해 사람들이 혼란스러워했다. 편지를 보내지도 않았는데 갑자기 답장이 와 있는 경우라고 생각하면 쉽게 이해할 수 있을 것이다.

성취2: 《국가의 탄생》에서 절제된 클로즈업으로 표현한 심리 묘사

그리피스 이전에도 이미 클로즈업은 사용되었다. 앞에서 말한 바와 같이 그 사용의 의도는 다분히 관객의 호기심을 충족시키고, 놀라움과 같은 자극을 주기 위해서였다. 현대의 영화에서도 클로즈업의 남용을 볼 수 있다. 굳이 특별한 이유도 없이 클로즈업으로 배우의 얼굴을 보여주곤 한다. 클로즈업은 엄청난 과장이기 때문에 적재적소에 절제되어 쓰여야만 한다.

그리피스 감독은 《국가의 탄생》에서 클로즈업을 절묘하게 사용하는 데 성공했다. 여러 사람이 모여 대화를 하고 있다. 그들은 토론의 합의점에 도달했다. 카메라는 그 가운데 한 사람의 표정만 촬영한다. 정말 강조하고 싶은 사람이다. 그 사람의 표정을 통해 관객들은 그가 이 대화에 동조하지 않고 있으며, 마음속으로는 음모를 꾸미고 있다는 것을 눈치챈다. 영화는 점점 흥미로워진다. '이 인물은 자신의 생각을 어떻게 실행할까?'라는 것이 관객의 관심사가 된다. 한 마디로 그리피스는 클로즈업을 영화 속에 녹여내는 자주를 갖고 있었다. 오늘날 그의 영화는 쇼트와 편집의 교과서가 되었다.

오늘날까지도 쇼트와 편집의 교과서로 인정받는 영화 《국가의 탄생》에 사용된 클로즈업 장면들

05

다큐멘터리와 극영화의 분화

1922~

다큐멘터리가 영화의 한 장르로 정착하다

“최초의 영화는 다큐멘터리였다.”

〈기차의 도착〉은 기차가 도착하는 장면을 찍고 편집 없이 상영했다. ‘움직이는 그림’에 대한 인간의 꿈이 처음 실현되었을 때 사람들은 경탄했다. 이것을 오늘날의 용어로 말하자면 ‘다큐멘터리’라고 할 수 있을 것이다. 그러나 당시에는 다큐멘터리나 극영화라는 개념이 없었다.

영화산업이 급속도로 발전하면서 〈기차의 도착〉과 같은 초창기의 영화는 구시대의 영화가 되었다. 그런 영화는 더 이상 대중의 흥미를 끌지 못했다. 영화가 과도하게 상업적인 면만을 추구하자, 일부 영화감독들은 처음 영화가 나왔을 때의 충격, 즉 ‘움직이는 그림’이 가져다주었던 꾸밈 없는 순수함에 매력을 느끼기 시작했다. 이와 같은 문제의식에서 출발했던 다큐멘터리는 극영화와 대조되는 장르 개념으로 정착되었다.

최초의 영화이자 동시에 다큐멘터리 영화인 〈기차의 도착〉의 한 장면

영화는 발전과 동시에 문제점이 드러났다

'움직이는 그림'의 등장이 가져다주었던 충격과 신기함은 오래가지 못했다. 너도나도 극장을 짓고 제작비를 들여 '움직이는 그림'을 만들어서 상영했지만, 관객은 점점 줄어들었다. 이 어려움을 극복하기 위해 초창기의 영화 제작자들은 연극을 그대로 촬영해서 상영하기 시작했다. 이는 연극을 무대에 올리는 것보다 훨씬 경제적이었다. 연극은 배우들이 매일매일 새로운 공연을 해야 했지만, 영화는 한번 찍으면 필름이 닳아 없어질 때까지 반복해서 상영할 수 있었다. 또한, 원본인 네거티브 필름으로 상영용 포지티브 필름을 복사하면 여러 개의 극장에서

동시에 상영할 수도 있었다. 이렇게 허서 탄생한 것이 극영화였다.

극영화라고 해도 처음에는 연극적인 전개 방식을 사용했다. 그러나 연극적인 방식으로 전개되는 사건은 제한된 공간에서만 진행되기 때문에 관객의 요구를 충족시키기 어려웠다. 이 문제를 해결하기 위해 생겨난 것이 '세트'였다. 세트는 간단하게 말하자면, 창고 같은 커다란 건물 내부에 집을 짓고 나무를 심어서 무대를 만드는 것이라고 할 수 있다. 세트에서 조명은 천장이나 벽면에 설치되었다. 이로써 연극의 무대보다 훨씬 자유로운 영화연출이 가능해졌다. 하지만, 이것도 오래가지 못했다. 세트에서는 여전히 표현에 제약이 있었기 때문이다. 그렇다고 거대한 자연경관이나 실생활과 유사한 거리 전체를 세트 안에 만드는 것은 어려운 일이었다.

관객은 실제 생활이 이루어지는 시장, 비가 내리는 거리, 흐르는 강물, 산 위에 걸린 구름 등을 보고 싶어 했다. 그런 장면을 배경으로 배우가 등장한다면 훨씬 멋있을 것이라는 상상을 했다. 이를 위해 영화는 세트를 벗어나 자연이나 실제로 사람이 사는 집, 현실의 거리와 자동차 등을 필름에 담아야 했다. 비로소 연극과 분명하게 구분되는, 즉 오늘날 우리가 보고 있는 영화와 흡사한 형식이 갖추어지기 시작했다. 그 결과 전보다 훨씬 많은 관객들이 극장으로 몰려들었다.

영화는 점점 더 거대한 산업으로 발전했고, 규모를 갖춘 영화 제작 배급사가 생겨나기 시작했다. 그곳에 스속된 스타 배우 한 명이 수십 편에 이르는 판에 박힌 영화에 출연했다. 제작사의 구미에 맞는 영화를 만드는 감독은 1년에 여러 편의 영화 제작을 독점하는 일이 벌어지기도 했다. 이런 영화 제작 환경을 '스튜디오 시스템(Studio system)'이나 '스타 시스템(Star system)'이라고 부르게 되었다.

이제 막대한 광고비를 지출하는 영화, 그리고 극장을 장악하는 영화만 살아남는 시대가 되었다. 사람들이 영화관으로 가는 이유 중에는 '좋은 영화'의 감상과 더불어 눈에 띄는 광고, 잘 알려진 배우를 보는 것이 포함되어 있기 때문이다. 그러다 보니 유명한 배우를 출연시키는 것은 영화의 작품성만큼이나 중요한 일이 되었다. 영화는 점점 재미와 쇼를 추구하는 경향이 짙어지게 되었다. 물론 앞에서 살펴본 영화 중에도 좋은 영화와 그렇지 않은 영화가 혼재되어 있다. 하지만, 전반적인 경향이 일방적으로 상업적 이익을 추구하는 방향으로 흘러가고 있었다는 것이다.

'사실을 기록하는 기술'에서 '의미를 만드는 예술'로 영화를 변화시킨 〈대열차 강도〉와 《국가의 탄생》의 장면들

영화 본연의 정신에 충실하려는 경향

예술사에는 언제나 유행에 대한 반성과 반작용이 있다. 일군의 감독들은 폭주 기관차처럼 상업성을 향해 돌진하는 영화의 흐름을 반성하기 시작했다. 그들은 '뤼미에르 형제는 왜 〈기차의 도착〉을 찍었을까?', '사람들은 왜 그런 단순해 보이는 영화에 열광했을까?'와 같은 근본적인 질문을 던졌다.

지금의 관점으로 보면 그다지 흥미롭지도 않고, 특별한 의미도 없는 것처럼 보인다. 뤼미에르 형제의 집이 기차역 근처여서 심심풀이로 찍었을 수도 있을 것이고, 열차 회사의 부탁으로 찍었을 수도 있었을 것이다. 그러나 사람들이 〈기차의 도착〉에 열광한 이유는 '움직이는 그림'이 신기했기 때문만은 아니었다. 단지 '움직이는 그림'이 신기했다면 기차 외에도 찍을 수 있는 재미있는 장견들은 많았을 것이다.

그렇다면 그들은 왜 굳이 기차를 찍었던 것일까? 이를 확인하기 위해 1896년으로 돌아가 보자. 당시 기차는 문명의 상징이었다. 무거운 쇳덩어리로 만든 차량 여러 개를 연결한 열차가 달릴 수 있으리라는 것을 누가 상상이나 할 수 있었겠는가. 이를 떠올려보면, 〈기차의 도착〉은 달나라에 착륙하는 암스트롱의 모습만큼이나 경이로운 문명의 승리였다. 〈기차의 도착〉이라는 한 편의 영화 속에는 인류의 노력, 그 노력을 현실화하는 것에 대한 경이로움과 숭고함이 숨어 있었다. 그렇기 때문에 그것은 기록으로 남길 만한 가치가 있는 장면이었다.

'기록으로 남길 만한 가치가 있는 것!' 이제 고민에 빠졌던 감독들은 그 답을 찾았다. 그들은 기록으로 남길 만한 가치가 있는 것을 찾아서 촬영하기 시작했다. 그것은 아주 쉽고 간단한 다큐멘터리의 정의가 되었다. '다큐멘터리' 〈기차의 도착〉은 단순하고, 강렬하고, 진실하다.(그 당시의 관점에서 보았을 때!) 편집을 통한 속임수도 없고, 과장된 연기를 통한 무리한 감정이입도 없다. 있는 그대로의 풍경이지만 감동

도큐먼트의 뜻

흔히 서류, 기록, 증명서 등을 '도큐먼트(document)'라고 말한다. 꾸미거나 과장되지 않은, '있는 그대로'라는 의미이다. 우리나라에서 주민등록 등본에는 가족에 대한 정보가 있다. 이것은 꾸미거나 덧칠할 수 없는 것이다. 영화도 마찬가지이다. 꾸미거나 과장하지 않고 있는 그대로를 촬영한 영화를 '다큐멘터리'라고 부르게 된 것이다.

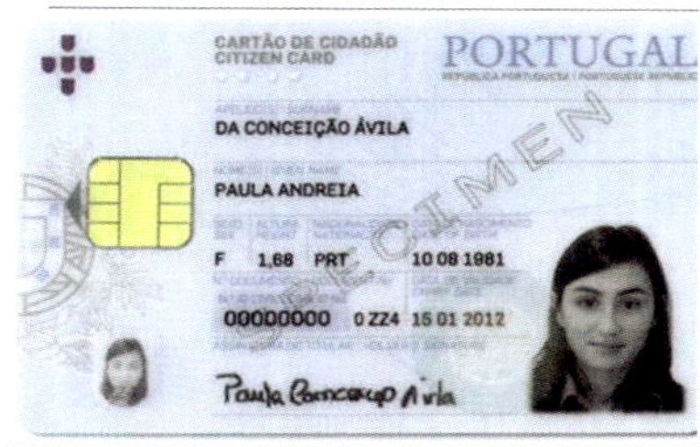

신분증과 자기소개서.
신분증에는 '도큐먼트'처럼 사실만 기록되어 있지만, 자기소개서에는 '극영화'처럼 약간의 과장이나 자신에게 유리하게 해석된 부분이 포함될 수도 있다.

적이고 경이로웠다. 바로 그 정신으로 돌아가려는 노력이 다큐멘터리
라는 장르의 탄생으로 이어졌다.

다큐멘터리가 꽃을 피웠던 곳

영화의 상업성에 대한 반성은 유럽과 미국에서 동시에 일어났다. 유럽에서 다큐멘터리 제작에 대해 가장 선구적인 나라는 러시아였다. 물론 프랑스, 영국, 스페인, 독일 등에서도 다큐멘터리에 대한 고민이 있었지만, 가장 괄목할 만한 사건은 유럽의 변방 국가인 러시아에서 일어났다. 이와 관련된 또 다른 흐름은 상업적인 영화의 제작이 가장 활발했던 미국에서 일어났다.

영화의 새로운 흐름이 다름 아닌 영화의 변방과 영화의 중심지에서 동시에 일어났는데, 이는 필연적인 현상이었다. 영화가 아직 대중화되지 않은 나라에서는 아무것도 없었기 때문에 새로운 것을 시도하기 쉬웠고, 영화가 극단적으로 상업화된 나라는 그에 대한 반작용으로 새로운 것을 찾았다. 그런 측면에서 보자면 유럽의 다른 나라들은 상업적인 영화의 불모지라고 볼 수도, 그렇다고 상업적인 영화의 중심지라고 볼 수도 없었기 때문에 변화의 필요성을 심각하게 느끼지 못했던 것이다.

러시아에서 다큐멘터리가 성행한 이유

러시아는 '차르(Tsar)'라 불리는 황제가 통치하는 가난한 전제국가였다. 1917년 러시아의 민중은 혁명을 일으켜 최초의 사회주의 국가를 건설했다. 이에 따라 영화에서도 서유럽과는 상반되는 경향이 나타났다. 러시아에서는 카메라를 이용해 전국 각지에서 전해지는 민중들의 소식을 '사실 그대로' 기록했다. 그 기록에는 황제나 귀족 권력에 맞서 싸우는 민중의 투쟁, 새로운 공장을 건설하는 작업 현장, 오지의 마을 사람들이 중앙정부에 요구하는 내용 등이 포함되어 있었다. 이 다큐멘터리들은 몇십 분 단위의 영화로 제작되어 전국 각지의 극장에서 상영되었다. 사람들은 자신이 나온 영화를 보면서 다른 지역의 소식도 들었다. 텔레비전이 보급되지 않은 시기에 이 영화들은 뉴스와 같은 역할을 했다. 이런 사회적인 이유로 러시아에서는 극영화보다 다큐멘터리가 발전했던 것이다.

그렇다고 해서 러시아의 다큐멘터리가 정치적인 목적으로만 활용된 것은 아니었다. 어떤 다큐멘터리는 농부의 사계절이나 아름다운 러시아의 대자연을 담았다. 이런 작품들은 아주 시적이었고 높은 예술성을 성취하였다. 이 시기 러시아의 주요한 영화감독으로는 지가 베르토프(Dziga Vertov), 세르게이 에이젠슈타인(Sergei Eisenstein) 등이 있다.

그들은 자신들의 작품을 영화라는 의미의 러시아어 키노(kino)와

지가 베르토프 감독과 그의 대표작 《키노 아이》의 포스터

진실이라는 의미의 러시아어 프라우다(pravda)를 합쳐서 '키노 프라우다(kino pravda)'라고 불렀다. 키노 프라우다는 말 그대로 '진실한 영상'의 역할을 했다. 다큐멘터리 감독 중어서 키노 프라우다 운동을 주창하고 이끌었던 감독은 지가 베르토프였고, 그의 주요 작품으로는 《키노 아이(Kino eye)》가 있다. '키노 아이'는 처음에는 그들의 다큐멘터리 전체를 통칭하는 용어였는데, 나중에 지가 베르토프는 자신이 만든 장편영화에 《키노 아이》라는 제목을 붙였다.

미국에서 만들어진 인류 역사상 가장 쇼킹한 다큐멘터리

드디어 미국 영화 같지 않은 미국 영화가 만들어졌다. 미국인들에게 익숙하지 않은 이 작품은 〈기차의 도착〉이나 〈대열차 강도〉,《국가의 탄생》,《황금광 시대》,《키노 아이》 등 앞에서 설명한 영화사의 위대한 작품들만큼이나 화젯거리가 되었다. 그러나 영화에 사람들의 흥미를 끌 만한 극적 요소는 단 하나도 없었다. 그저 생활하는 장면을 촬영한 다큐멘터리였다.

서정적인 영화 《북극의 나누크》의 탄생

1922년, 미국인 로버트 플레허티(Robert Joseph Flaherty)는 몇 명의 일행들과 함께 북극 근처에 있는 아메리카 대륙의 최북단을 향해 갔다. 그들이 도착한 곳은 이누이트족이 사는 아주 추운 '얼음의 세계'였다. 로버트 플레허티 일행은 한 이누이트 가정에서 2년 동안 머물면서 그들의 삶을 촬영했다. 주인공의 이름은 '나누크(Nanook)'였고 영화의 제목은 주인공의 이름을 따서 《북극의 나누크(Nanook of the North)》가 되었다. 제목부터 어떤 기교나 복잡함이 없다.

'나누크의 가족은 혹한의 바람을 뚫고서 배를 타고 사냥을 나가고, 간혹 가을 입구에 들어오는 백인 상인들에게 가죽을 팔고 생필품을 얻는다. 얼음을 깨서 얼음집을 짓고, 그 안에 불을 피우고 잠을 잔다. 제작진들이 가져온 문명의 필수품을 보고 깨물어보거나 신기한 듯 만져보기도 한다.'

다큐멘터리 영화 《북극의 나누크》의 감독 로버트 플레허티

　이 영화에서 어느 것 하나 극적인 구성은 없었다. 단지 살벌한 자연환경 속에서 살아가는 인간이 있을 뿐이었다. 이 단순한 영화는 관객들에게 쇼킹한 감동을 주었다. 쇼킹하다는 것은 충격적이고 무자비한 장면이 나와서가 아니라, 영화가 너무 평온했기 때문이다. 플레허티 자신도 이 영화가 극장에서 상영되어 많은 관객을 끌어들이리라고는 생각하지 못했다. 그는 본질적인 영화의 정신으로 돌아가는 영화를 희망했을 뿐이었다. 《북극의 나누크》는 나누크 가족의 일상을 통하여 자연에 융화되어 사는 인간의 숭고함, 강인함, 그리고 삶의 위대함을 표현하고 있었다. 바로 그 점이 극영화의 말초적 자극에 싫증 난 관객들의 향수를 불러일으킨 것이었다.

지금도 여전히 감동적인 《북극의 나누크》

오늘날에는 북극이나 남극, 아마존까지도 쉽게 갈 수 있다. 그리고 가볍고 편리한 디지털카메라로 어렵지 않게 그들의 삶을 촬영할 수 있다. 하지만, 1920년대의 다큐멘터리 촬영은 엄청나게 고생스러운 일이었다. 육중한 35mm 필름 카메라는 카메라를 운반하고 조작하는 데에만 서너 명이 필요하다. 그리고 10분 동안 촬영을 하고 나면 암실에서 필름 롤을 갈아 끼워야 했고, 저녁이나 밤에 촬영을 하기 위해서 조명 설치도 필수적이었다. 오늘날에 비하면 부족한 필름의 성능으로 인해 많은 양의 빛이 필요했기 때문이다. 날씨도 영화 촬영을 어렵게 만

《북극의 나누크》 포스터, 그리고 《북극의 나누크》의 한 장면

들었다.

　이런 힘든 과정을 거쳐 탄생한 《북극의 나누크》는 몹시 투박했다. 하지만, 그 투박함이 오늘날의 매끈한 영화들보다 훨씬 강렬한 매력을 발산한다. 이 영화는 100여 년이 지난 지금까지도 다큐멘터리 영화를 동경하고 추구하는 감독들에게 다큐멘터리의 정신이 무엇인지를 보여 준다.

다큐멘터리의 진실 논쟁과 《북극의 나누크》

　다큐멘터리는 순수하게 '진실'만을 찍을 수 있을까? 사실 그런 영화는 없다. 음악 다큐멘터리를 찍는다고 가정해 보자. 우리는 가수가 화면 안에서 노래를 부르는 것을 본다. 마치 한 번에 노래를 끝까지 부르는 것처럼 느낀다. 그러나 촬영 현장에서는 여러 가지 기술적인 이유로 인해 노래가 끊기고 반복되었을 가능성이 농후하다. 첫 번째 부른 것은 앞부분만 쓰고, 뒷부분은 두 번째 부른 것으로 연결하기도 한다. 이것을 '거짓'이라고 할 수 있을까? 엄밀한 의미에서는 '조작'이라고 할 수도 있지만, 그렇게 생각하면 다큐멘터리는 현실적으로 불가능한 장르가 된다.

　《북극의 나누크》에도 그와 같은 부분이 있다. 실제로 나누크의 가족들은 마을을 찾는 상인들을 통해 문명사회에서 사용하는 생활필수품을 어느 정도는 알고 있었다. 이미 경험했지만, 마치 이를 처음 접하는 것처럼 연기해 달라는 주문을 받았고, 실제로 그런 표정을 지었다. 어떤 관점이 옳은 것일까? 정말 순수하게 사실 그대로를 찍어야만 하는 것일까? 그렇지 않고 어느 정도의 '연출'은 허용되는 것일까? 판단은 각자의 몫일 수밖에 없다. 그러나 한 가지 분명한 것은 다큐멘터리의 윤리를 짓밟는 행위는 명확히 금지된다는 사실이다. 예를 들어, 나누크가 실제로는 난방이 잘 되는 안락한 주택에서 살고 있는데, 얼음집에 사는 것처럼 촬영하는 것은 연출이 아니라 '사기'이자 '기만'이다.

06

몽타주의 탄생

1924~

영화 역사상 최고의 발명

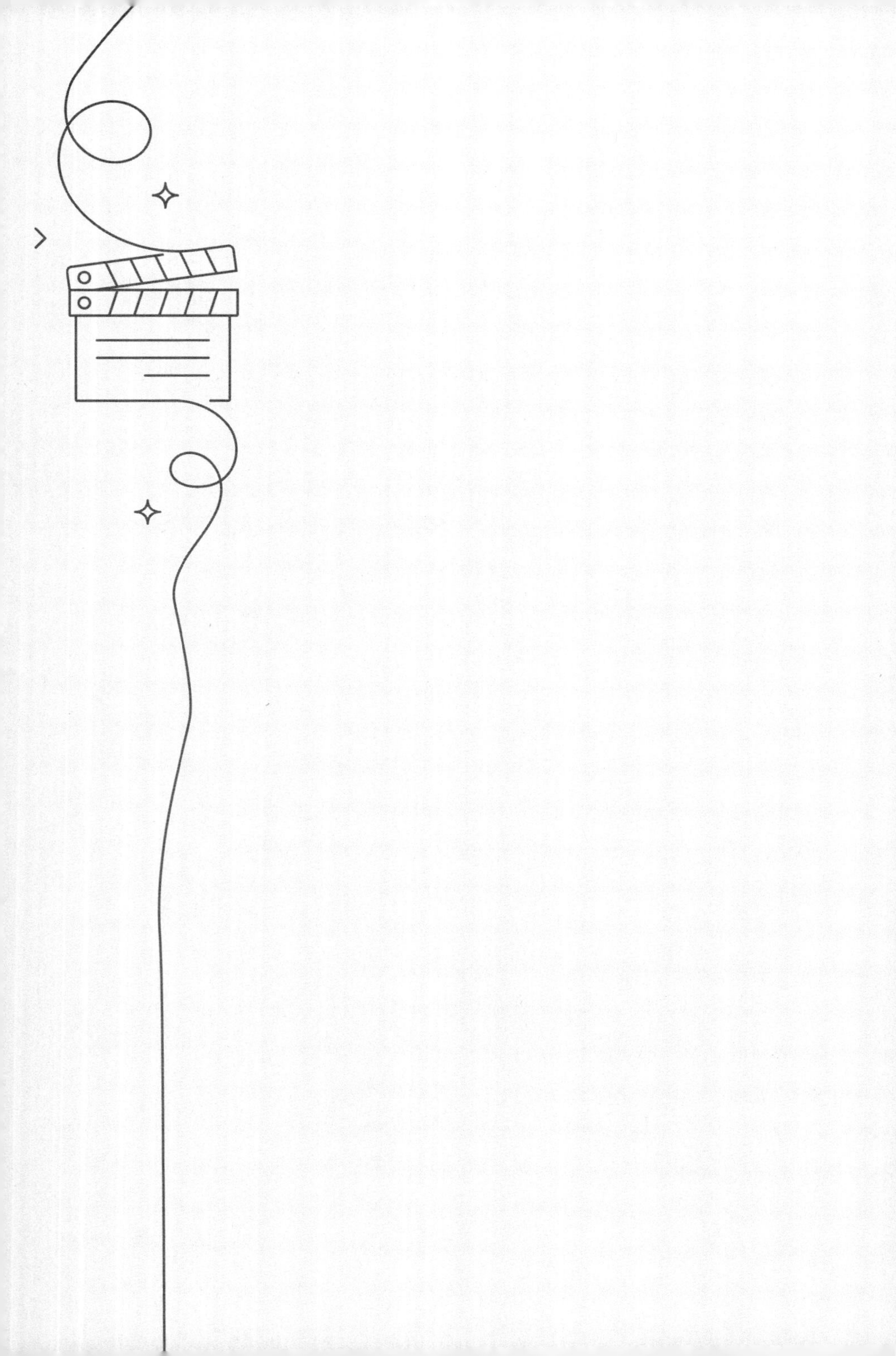

1920년대 중반, 러시아의 영화감독 세르게이 에이젠슈타인은 '몽타주(montage)'라는 영화기법을 창안했다. 몽타주는 '편집(editing)'이란 단어와 자주 혼동하곤 하지만, 편집과는 완전히 다른 개념이다. 편집은 말 그대로 부드럽게, 튀지 않도록 이어 붙이는 것이다. 한 화면(쇼트)에서 수저를 들면, 다음 화면(쇼트)에서 음식을 먹는 식으로 두 화면의 연결성을 만들거나 여러 사람이 대화를 나누면 그 중의 한 사람을 강조하기 위해 그 사람의 얼굴을 클로즈업한 화면을 연결하는 방식이다. 앞에서 살펴보았던 그리피스 감독의《국가의 탄생》이나《불관용》에서 두 공간의 화면을 병렬적으로 배열하는 교차편집도 그 방식에서 크게 벗어나지 않는다. 어떤 것이든 편집은 이야기가 진행되고 있는 시공간 속에서 사건의 흐름을 이어가는 것이다.

에이젠슈타인 감독은 이렇게 화면을 기계적으로 연결하는 편집에 지루함을 느꼈고, 새로운 실험에 나섰다. 그의 실험은 하나의 화면에 다음에 진행되는 이야기와는 전혀 상관없는 엉뚱한 화면을 이어 붙이는 것이었다. 예를 들면, 수저를 든 사람의 모습 다음에 음식을 먹는 얼굴을 이어 붙이는 것이 아니라, 빈대가 기어다니는 화면을 붙이는 식이었다. 수저를 든 사람의 모습 다음에는 음식을 이어 붙이는 것이 당연한 상식이었다. 에이젠슈타인은 이를 거부한 것이다. 그런데 놀라운 일이 벌어졌다. 이 화면을 본 관객이 구토를 하는 등 이전과는 전혀 다른 영화적 충격을 경험하게 되었던 것이다. 에이젠슈타인 감독의 출현 이후 영화에서는 이전까지 고수했던 시간과 공간의 자연스러움이 파괴되었다. 이제 창작자는 시공간의 장벽을 넘어서는 상상력을 발휘할 수 있게 되었다.

몽타주 기법을 통해 우리의 영화적 상상력을 실험해 볼 수 있다. 수저 다음에 음식이 나오면 식욕이 당기는 경험을, 수저 다음에 빈대가 나오면 식욕이 뚝 떨어지는 경험을 할 수 있을 것이다.

몽타주는 원래 영화가 태동한 프랑스에서 생겨난 기법이다. '쌓아올리다(monter)'라는 프랑스어에서 유래된 용어이다. 초기에는 화면과 화면을 튀지 않도록 교묘하게 조립하는 방법을 의미했다. 영어의 '편집'과 유사한 의미로 쓰였다. 러시아는 프랑스를 통하여 영화를 받아들였고, 자연스럽게 프랑스의 영향을 받았다. 몽타주도 그렇게 받아들인 것인데, 이 몽타주는 에이젠슈타인 감독에 의해 혁명적으로 변화했다. 오늘날 몽타주란 말은 편집이라는 원래의 의미가 아니라 러시아에서 창안된 이 기법을 의미하는 용어가 되었다.

몽타주의 또 다른 의미

범인이 도주했을 때, 범인의 얼굴을 언뜻 본 여러 명의 목격자가 있다. 누구도 또렷하게 기억하지 못한다. 그러면 여러 명의 의견을 조합하여 범인의 얼굴을 만든다. 이것을 '몽타주'라고 한다. 역시 조각난 이미지를 꿰맞추는 방법이다.

FBI에서 항공기 납치범이라고 공표한 D.B. 쿠퍼의 몽타주

줄거리를 재미있게 이어 붙이는 초기의 편집

어떤 지난한 과정을 통하여 몽타주가 탄생하게 되었을까? 그 시점은 〈기차의 도착〉이라는 최초의 영화 이후로 30여 년이 흘러서였다. 롱 쇼트, 풀 쇼트, 미디엄 쇼트, 클로즈업, 익스트림 클로즈업 쇼트 등을 활용하여 영화는 시간과 공간의 제약으로부터 자유를 얻었다. 쇼트를 자르고 이어 붙이는 방식으로 시간을 건너뛰고, 공간을 자유롭고 빠르게 이동할 수 있었다. 또한 클로즈업과 익스트림 클로즈업을 사용하여 배우의 심리상태를 다양하게 표현할 수 있게 되었다. 스크린을 가득 채운 여자 배우의 고혹적인 얼굴과 남자 배우의 카리스마 넘치는 얼굴은 예나 지금이나 사람들에게 화젯거리를 제공하고 있다.

줄거리와는 다른 개념인 내러티브의 탄생

다양한 쇼트 중에서 가장 늦게 사용하기 시작한 쇼트는 당연히 클로즈업이었다. 영화 편집자들은 이야기 뼈대를 무너뜨리지 않고 클로즈업 쇼트를 효과적으로 붙이는 방법을 다양하게 연구했다. 그 실험 과정에서 영화 편집자들은 클로즈업의 미묘한 역할에 관심을 기울였다. 그들은 클로즈업이 영화의 기본 줄거리에 '모호한 아우라(aura)'를 만들어낸다는 사실을 알게 되었다. 이들의 실험은 우연한 발견으로 이어졌고, 그 우연한 발견은 이야기의 뼈대를 넘어 좀 더 복잡한 영화 내러티브(narrative)의 발전에 지대한 영향을 주었다. 우연한 발견이 위대한 발견으로 바뀌는 순간이었다.

예를 들면, 친구들이 모여 노는 자리에서 A의 농담에 B의 웃는 얼굴의 클로즈업이 사용되었다고 하자. 그것도 다른 사람은 웃지 않는데 유독 B만 웃는다고 가정해 보자. 그 웃음조차도 다른 사람이 눈치챌 듯 말 듯 희미하다. 영화 속의 등장인물들은 B의 미소를 눈치채지 못한다. 그러나 관객은 B의 얼굴 클로즈업을 통하여 B가 어떤 식으로든 반응했다는 사실을 알 수 있다. 관객은 미궁에 빠진다. '도대체 A와 B는 어떤 관계일까?' 'B는 A에게 어떤 감정을 가지고 있는 것일까?' '그들은 과거에 어떤 일이 있었으며 그들의 미래는 어떻게 될까?' 관객은 스스로 상상력을 발휘하며 영화에 빠져든다. 자신의 추리가 증명되기를 기다리며…….

이야기의 뼈대가 되는 줄거리는 영화에서 확연히 드러나지만, 줄거리 외에 확연히 드러나지 않는 스토리가 있다. 이것을 '내러티브'라 한다. 내러티브는 영화의 흥미를 유발한다. 실제로 관객은 영화의 홍보 등을 통하여 어느 정도는 이미 알려져 있는 줄거리가 아닌 내러티브를 따라가면서 영화를 끝까지 감상하게 된다.

내러티브의 발명은 위대했다. 영화에서 바로 그 역할을 하는 것이 클로즈업이다. 영화 제작자들은 클로즈업의 역할이 이야기의 기초적 설명을 초월하고 있다는 사실을 깨달았다. 비로소 영화의 새 지평이 열린 것이다.

영화 관련 프로그램 등을 보면, 시놉시스라는 말이 자주 나온다. 내러티브는 시놉시스(synopsis), 즉 줄거리(story)와 구분되는 별개의 이야기 구조를 말한다.

예를 들어보자. 줄거리는 사건의 전개를 중심으로 서술한다.

'영수와 철수는 초등학교 친구다. 중학교에 올라와 1년간 보지 못한 둘은 어느 일요일 거리에서 우연히 만난다. 영수는 철수에게 초등학교에 가 보자고 제안한다.'

2. '매트릭스' 마케팅 시놉시스 예시 (짧은 줄거리 레퍼런스)

토마스 A 앤더슨은 두 삶을 사는 사람이야. 낮에는 평균 컴퓨터 프로그래머이고 밤에는 신으로 알려진 해커이다. 신은 항상 자신의 현실에 의문을 제기해 왔지만 진실은 상상을 초월한다. 신은 정부에 의해 테러리스트로 낙인찍힌 전설적인 컴퓨터 해커 모피우스의 연락을 받고 그가 경찰의 표적이 되고 있음을 알게 된다. 기계에 대한 반란군으로서, 신은 요원들과 맞서야 한다. 신과 인간의 반란을 막는 데 전념하는 초강력 컴퓨터 프로그램.

. . .

진짜라는 걸 확신하는 꿈을 꾸는 거야? 깨어나지 않으면 어쩌지? 꿈과 현실의 차이를 어떻게 알 수 있을까? 아름다운 낯선 사람(캐리 앤 모스)이 컴퓨터 해커 신(케누 리브스)을 금지된 지하세계로 인도하면 충격적인 진실을 발견한다. 그가 알고 있는 삶은 사악한 사이버 지능의 정교한 속임수이다. 네오는 전설적인 위험한 반군 전사 모피어스와 합류한다.

. . .

1999년 동안 토마스 앤더슨 (신이라고도 함)이라는 남자가 평범한 삶을 살고 있다. 낮에는 소프트웨어 기술자, 밤에는 컴퓨터 해커, 그는 모니터 옆에 혼자 앉아 자신이 모르는 것을 기다리는 신비한 여인, 즉 신호, 즉 그가 모르는 것을 기다리는 것을 발견하고, 어느 날 밤 트리니티라는 신비한 여인이 그를 찾아와 그가 기다리고 있던 얼굴 없는 인물인 모피우스를 소개한다. 메시아 같은 모피우스는 신에게 오랫동안 고통스러워했던 어두운 비밀을 밝혀서 자신의 세계에 대한 진실을 제시한다.

영화 홍보물의 시놉시스

그러나 내러티브는 주인공의 내면 심리, 즉 겉으로 확연히 드러나지 않는 복선까지 묘사하기도 한다.

'영수와 철수는 초등학교 친구다. 둘은 우연히 만난다. 철수는 영수를 보고 웃는데, 초등학교에 가 보자는 영수의 말에 살짝 무엇인가를 생각한다.' 바로 이 점이 내러티브와 시놉시스의 차이가 된다.

클로즈업으로 구성해 내는 초창기의 내러티브

여배우의 얼굴을 클로즈업한 다음에 군중 속의 한 남자를 찍으면 여자가 그 남자를 주시하고 있다는 것을 표현할 수 있다. 오늘날에는 너무나 당연한 것처럼 여겨지지만, 당시에는 이것이 엄청난 발견이었다. 두 사람의 관계를 표현하기 위해서는 두 사람이 하나의 화면에 등장한 다음에 대사를 이어가는 것 외에는 다른 방법이 없었기 때문이다.

하지만, 클로즈업을 통해 하나의 화면에 두 사람을 등장시키지 않고도 어떤 암시, 즉 복선을 만들어낼 수 있었다. 이런 방식의 클로즈업

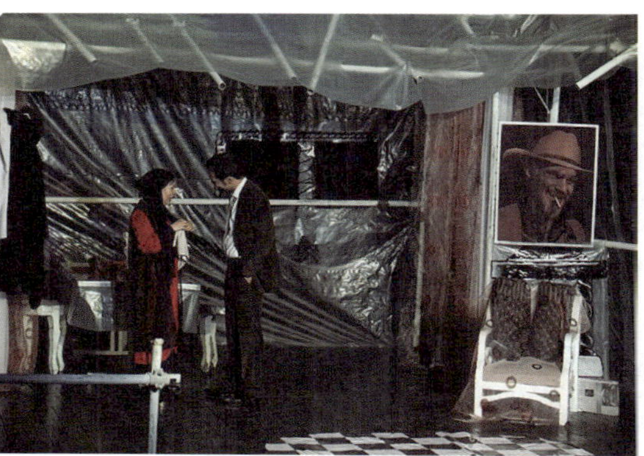

연극은 관객들이 배우들을 '롱 쇼트'로밖에 볼 수 없다. 하지만, 영화는 '클로즈업'을 통해 영화 속 배우들의 표정을 관객들이 볼 수 있게 되면서 배우들의 내면도 읽을 수 있게 되었다.

을 '시점 쇼트(point of view shot)'라고 한다. 즉, 관객은 여배우의 눈, 즉 여배우의 시점을 통해 상대를 보는 것이다(우리가 마음대로 그 남자를 보는 것이 아니다). 우리는 여배우의 표정이나 몸짓 등을 통해 그녀가 그 남자를 사랑하는지 증오하는지, 그렇지 않으면 무관심한지 등의 감정을 파악할 수 있다(우리가 마음대로 판단할 수는 없다).

또한, 남자 배우의 눈을 익스트림 클로즈업으로 촬영하고 무엇인가 생각하는 표정을 지은 다음, 어떤 여자의 얼굴을 연결하면 우리는 그 남자의 시점에서 그 여자를 바라보는 것이 된다. 그녀를 사무치게 그리워하는 것으로 상상할 수 있고, 복수를 하기 위해 모종의 계획을 꾸미고 있는 것으로 생각할 수도 있다.

이 모든 것들이 이야기의 뼈대인 줄거리에서는 드러나지 않는 감정들이다. 뼈대인 이야기를 풍요롭게 만드는 살과 같은 요소인 것이다.

연극에서는 어떻게 심리 묘사를 할까?

연극에서 등장인물의 심리적 동요나 속마음은 독백이나 방백의 형식으로 표현된다. 독백이나 방백은 모두 등장인물의 혼잣말이고 관객이 들을 수 있다는 점은 공통적이다. 하지만, 독백은 무대 위에서 상대 없이 혼자 말하는 대사이다. 이와 달리 방백은 상대 앞에서 말을 하지만, 상대는 듣지 못하는 것으로 상황을 설정한 상태에서 대사를 하는 것이다. 앞서 말한 것처럼 관객은 독백과 방백을 모두 들을 수 있다.

이렇듯 영화는 눈에 보이는 사건의 전개뿐만 아니라, 눈으로 볼 수 없는 등장인물의 내면까지 다층적으로 표현하는 단계에 이르렀다. 영화의 내용은 한층 다채로워졌고 배우가 차지하는 역할이 점점 커지게 되었다. 배우는 사건을 책임지기도 하지만, 동시에 그 사건 속에서 복잡미묘한 감정까지도 관객에게 전달해야 했다. 이를 통해 배우는 자신의 카리스마와 매혹적인 모습을 표현할 수 있게 되었다.

이제 영화는 연극과는 완전히 다른 예술이 되었다. 연극은 배우의 얼굴을 클로즈업할 수 없다. 그래서 무대 위에서 배우는 울거나 웃거나, 큰 소리로 노여움을 표현하기 대문에 배우의 표정은 변화가 크고 단순했다. 또 연극은 배우가 바라보는 것이나 생각하는 것을 이어서 붙일 수 없었다. 배우는 언제나 무대 위에 있어야 하고, 배우의 시선이나 머리가 움직이는 방향을 따라가야 그가 무엇을 바라보는지 알 수 있었다. 그래서 관객은 10여 미터 떨어진 곳에서 배우의 과장된 표정을 바라볼 수밖에 없었다.

하지만, 영화는 이제 단순한 감정 표현 이상의 것을 요구했다. 이처럼 클로즈업이 가져다주는 파급력은 상상을 초월했다.

러시아의 상황

러시아에서 시작된 '몽타주 기법'은 내러티브의 발견에서 진일보한 것으로 평가받고 있다. 단 한 걸음일 수도 있지만, 영화사에서 그 한 걸음은 인류가 달에 처음으로 발을 디딘 것처럼 위대한 것이었다.

몽타주 기법이 탄생했을 당시, 러시아는 소비에트 연방이라는 사회주의 국가였다. 1917년 러시아혁명을 통하여 세계 최초로 건설된 사회주의 국가가 바로 소비에트 연방이었다. 1991년 소비에트 연방은 붕괴되었지만, 사회주의 국가가 건설된 초기에는 국가 주도로 진행된 계획 경제의 틀 속에서 급속한 경제 발전을 이루었다. 더불어 국가 주도로 진행된 영화산업 역시 눈부신 발전을 거듭했다. 그들은 영화를 통하여 국가통합을 이루려 했고, 나아가 국민들에게는 물론 세계를 향해 사회주의의 우수성을 알리려고 했다.

세계 최초의 사회주의 혁명인 러시아혁명의 주역들, 그리고 소련 시절 국가의 정책을 홍보하는 영화 포스터

천재 영화감독의 등장

영화사에서 가장 중요한 감독 가운데 한 명인 세르게이 에이젠슈타인은 클로즈업을 사용하면서 뭔가 부족함을 느꼈다. 그가 보기에 서유럽 영화나 미국 영화의 편집은 기계적인 연결이 전부였다. 영화에서 외형적 사건의 전개인 '서사'와 내적 복선인 '내러티브'는 강화되었지만, 그가 생각하기에 쇼트에 있어서는 지금까지 사용하는 것 외에도 무언가가 더 있을 것이라고 확신했다. 이에 그는 곧바로 실험에 착

몽타주 기법을 발명한 영화 감독
세르게이 에이젠슈타인

수했다. 그리고 클로즈업 쇼트와 다른 쇼트들이 인과적으로, 즉 배우의 얼굴과 배우가 바라보는 것이 이어지는 식으로 연결되어야 하는 것이 아니라는 사실을 깨달았다. 쇼트와 쇼트가 엉뚱한 관계로 연결되거나 이어지는 것을 통해 의미가 180도 바뀌거나 내러티브의 충격이 증폭된다는 사실을 발견했던 것이다. 이는 영화기법이라는 측면에서 가장 위대한 발견이었다.

예를 들어, '철수는 수업 시간에 창밖을 본다. 그다음 파도가 일렁이는 바다가 이어진다.'라고 해보자. 이것은 이치에 맞지 않았다. 수업 시간에

창밖을 보면 하늘이나 운동장이 나와야 자연스럽다고 생각했던 것이다. 하지만, 오늘날 우리는 이렇게 편집된 영화를 아무렇지 않게 받아들인다. 그러나 100여 년 전으로 돌아가면, 그렇지 않았다. 당시의 관객들은 교실이 바닷가에 있는 것이라고 착각했다. 그만큼 익숙하지 않은 편집이었던 것이다. 이런 편집을 가능하게 만든 사람이 바로 에이젠슈타인이었다.

몽타주 실험

에이젠슈타인은 학생들을 대상으로 다음과 같은 세 경우의 쇼트의 연결을 보여주었다. 첫 번째는 무표정한 배우의 얼굴 클로즈업+김이 모락모락 나는 빵+얼굴의 연결이었고, 두 번째는 무표정한 얼굴 클로즈업+묘지+얼굴의 조합이었고, 세 번째는 무표정한 얼굴 클로즈업+화염을 내뿜는 총+얼굴로 연결된 편집이었다. 배우는 아무런 감정 표현을 하지 않았다.

그러나 놀랍게도 감상자들은 그 무표정한 얼굴로 등장하는 배우가 감정을 표현하고 있다고 생각했다. 배우를 향해 강렬하게 감정이입을 했던 것이다. 학생들은 화면 속의 인물이 배고픔에 고통을 받거나, 전쟁에서 죽은 어머니를 그리워하거나, 어머니를 죽인 자에게 복수를 하려는 욕망에 사로잡혀 있다고 느꼈다. 하지만, 중요한 것은 배우는 아무런 연기를 하지 않았다는 사실이다.

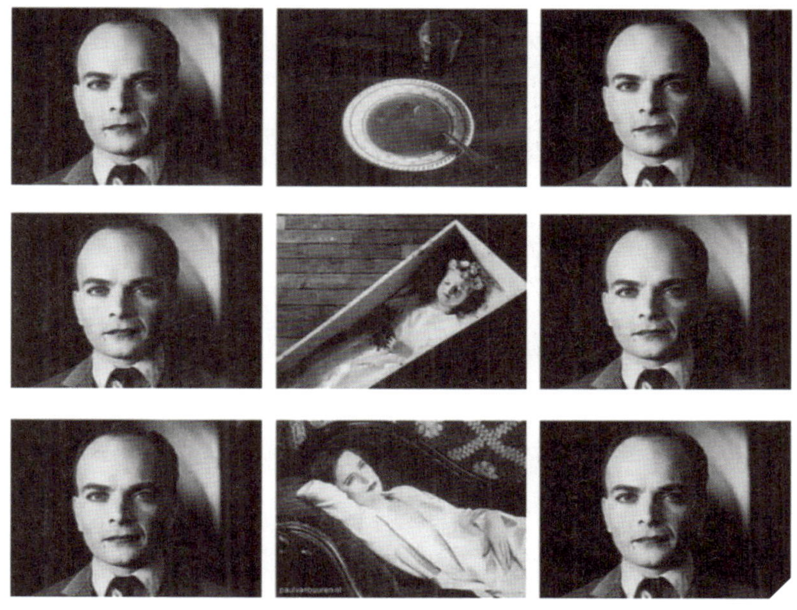

러시아의 영화배우 이반 모주킨의 얼굴은 장면 내내 거의 동일한 무표정을 유지한다. 그러나 그 얼굴 이미지 사이에 어떤 장면이 삽입되느냐에 따라 관객은 전혀 다른 감정을 읽어낸다. 수프가 들어가면 배고픔을, 관 속의 소녀가 들어가면 슬픔을, 뇌쇄적인 여성이면 욕정을 느끼는 것으로 인지하는 것이다. 이러한 현상을 '쿨레쇼프 효과(Kuleshov Effect)'라고 한다.

몽타주 실험의 의미

관객들은 영화나 사진 속에 실제로 존재하지 않는 감정을 스스로 만들어냈다. 슬픔, 기쁨, 불안, 증오 등과 같은 의미는 배우의 표정에 있는 것이 아니라, 다른 쇼트와의 관계에서 생긴다는 것이다. 이전의 영화는 그 감정을 온전히 배우의 연기에 의존할 수밖에 없었다. 그러나 연기에는 한계가 있다. 아무리 노력해도 몽타주 실험처럼 강렬하지 않았다. 또한 너무 과한 표정을 지으면 연극처럼 과장된 연기가 되기 쉽다. 그런데 영화에는 몽타주라는 '마법'이 생겼다. 과장된 표정을 짓지 않더라도, 몽타주에 의해 연기의 차원을 넘는 감정의 증폭이 가능했다.

이제 영화의 연기는 연극의 연기와는 완전히 반대되는 방향으로 치달았다. 이제 영화에서 굳이 감정을 과격하게 표현할 이유가 없었다. 어떤 쇼트가 연결되는가에 따라 더 강렬한 감정을 관객에게 전달할 수 있었기 때문이다. 이와 더불어 전문적인 배우의 필요성 역시 감독이 선택할 수 있는 하나의 요소가 되었다. 감독의 역량에 따라 아마추어 배우도 충분히 전문 배우를 뛰어넘는 연기를 할 수 있었기 때문이다. 모든 영화가 그랬던 것은 아니지만, 영화 속의 노동자나 농민은 실제 노동자나 농민이 연기를 했다. 도시에서 화려한 생활을 하는 배우가 노동자 분장을 하고 노동자를 연기를 하는 것이 오히려 어색하게 느껴졌다.

이런 이유로 인해 미국의 할리우드나 서유럽에서는 스타 배우를 중심으로 하는 대작이 만들어졌고, 소련에서는 이름 없는 사람이 발탁되어 영화에 중용되었다. 스타성보다는 '그 인물이 얼마나 영화 속의 배역을 잘 표현하는가?' 하는 점이 중요했다. 세르게이 에이젠슈타인의 영화에서는 놀랍게도 비전문 배우들이 탁월한 연기를 해냈다. 그의 영

영화 〈전함 포템킨〉의 '오데사 계단'으로 알려진 이 장면에서 에이젠슈타인은 시민들이 학살당하는 상황뿐만 아니라 그들의 처참한 감정까지 관객들에게 전달하기 위해 다양한 컷들이 빠르게 충돌하는 '몽타주 기법'을 사용했다. 에이젠슈타인에게 영화는 한 편의 교향곡이었으며, 감독은 오케스트라의 지휘자였다.

화에서는 쇼트와 쇼트의 연결을 통해 감정을 증폭시켰다. 그의 영화는 베토벤《운명 교향곡》의 3악장처럼 사람들의 감정을 고양시키는데, 마치 한 편의 교향곡을 감상하는 것처럼 시적이고 강렬하다.

영화 〈파업〉에서는 도망치는 파업 노동자들을 쫓으며 공격하는 군인들의 쇼트와 도살되는 황소의 클로즈업 쇼트를 함께 편집해서 노동자들이 사살되는 '영화적 은유'를 만들었다.

07

유성 영화

1927~

영화 속의 사람이 말을 한다!

　영화가 탄생한 1896년 이후로 근 30년 동안 영화는 무성 영화였다. 대사는 아예 없거나 영화 중간중간에 넣은 자막이 대사를 대신했다. 무성 영화라고는 하지만 소리가 전혀 없었다는 의미는 아니다. 필름을 영사하면서 악기를 연주하기도 하고, 즉석에서 영화를 설명하는 해설가인 '변사'가 등장하는 경우도 있었다. 또 성우가 보이지 않는 곳에 숨어서 배우의 목소리를 흉내 내기도 했다.

　당시 대부분의 영화는 이야기의 구조가 단순했기 때문에 소리, 즉 대사가 없어도 대략적인 이해가 가능했다. 하지만, 관객의 요구는 점점 다양해졌다. 이제는 사건의 줄거리뿐만 아니라 배우의 감정, 복선, 복잡한 심리상태 등이 영화의 주요한 요소로 등장했다.

　무엇보다 영화의 내용이 섬세해지면서 영상만으로는 영화를 이해하기 어려워졌다. 게다가 축음기의 보급으로 집이나 가게에서 가수의 노래를 쉽게 접할 수 있게 되었다. 이제 소리는 일상생활의 일부가 되었다. 사람들은 '영화는 왜 소리가 없을까?'하는 의문을 가졌다. 영화제작자들은 이 문제를 해결하기 위해 부단히 노력했지만, 기술적인 장벽에 가로막혔다.

그렇게 30여 년 동안 소리와 싸운 노력의 산물로 1927년 드디어 유성 영화가 등장했다. 드디어 인류는 소리가 나오는 '움직이는 그림'을 볼 수 있게 되었다. 비로소 영화는 현실에서 보고 듣는 것을 표현할 수 있는 장르가 되었다.

불가능 했던 '탱크 소리'의 극복

우리는 앞에서 (02. 무성영화의 시대) 이미 현장 녹음이 불가능했던 이유에 대해서 이야기를 하였다. 다시 한번 이야기를 하자면 100여 년 전에도 녹음 기술은 존재했지만, 영화 현장의 대사를 녹음할 수 없었던 것은 촬영 중인 카메라의 소음을 제거할 방법이 없었기 때문이었다. 초기 카메라에서 필름 돌아가는 소리는 '탱크 소리'처럼 컸기 때문이다. 게다가 애초에 소리 녹음이라는 것을 생각하지 않았기 때문에 소음에 신경 쓰고 그것을 제거할 방법 등을 생각하지도 못했다. 하지만 점차 관객들의 소리에 대한 요구는 커져갔고, 어떻게 해서든지 그것을 극복하여야만 하였다. 이러한 관객들의 소리에 대한 요구를 영화 제작자들은 다양한 방법으로 충족시키고자 하였다.

초창기 무비 카메라의 모터 소리와 촬영 현장의 소음은 동시녹음을 어렵게 했다.

더빙 작업의 발전

현장에서의 녹음은 촬영기의 소음 때문에 도저히 불가능하였다. 촬영기를 혁신적으로 개선하기 전에는 '탱크 소리'를 작게 만들어서 녹음을 할 수 없었던 것이다. 한 마디로 기계의 발전이 소비자의 요구를 쫓아가지 못했다. 그래서 만들어낸 녹음 방식이 후시녹음이다. 즉 영상을 먼저 녹음하고 영상 속 배우의 입을 보면서 녹음하는 것이다. 물론 처음에는 힘든 과정이다. 하지만 성우라는 직업을 갖게 된 사람들은 매우 그럴싸하게 배우의 입에 맞추어 녹음을 진행하였다. 여기서 우리가 알아두어야 할 것은 지금의 기술처럼 필름에 소리를 입혀서 같이 영사기를 돌리면 함께 소리가 나오는 것이 아니라, 영사기는 영사기대로 돌아가고 녹음된 성우의 목소리는 목소리대로 따로 돌아간다는 것이다.

필름이 조금 늘어지거나 끊긴다면 바로 그 차이를 느낄 수 있었다. 여기서 다시 기계는 한 단계 발전을 하여야만 하였다. 모든 것을 손으로 조작해야 하는 시대의 한계였다. 화면과 소리의 동기화를 현실화하기 위해서는 극장의 음향 설비가 자동화가 선행되어야 했다.

그럼에도 상영을 시도한 사람들이 있었다. 하지만 립싱크(lip sync)는 예상대로 어색했다. 관객들은 화면과 소리가 따로 논다고 생각했다. 재미를 주기 위해 목소리를 제공했는데, 오히려 소리가 영화의 재미를 반감시키고 있었다.

오늘날 음악 공연에서도 가수들은 때때로 립싱크를 한다. 자연스럽게 보이려 애를 써 보지만, 관객들은 라이브 공연과 립싱크 공연의 차이를 쉽게 감지한다. 유성 영화가 성공하기 어렵다고 생각했던 것은 이런 이유 때문이었다. 무엇보다 투자자와 극장 관계자들의 입장에서는 손해를 감수하면서까지 새로운 시도를 해야 할 이유가 없었다.

주목할 만한 립싱크 논란들

1994년	마로니에가 '칵테일 사랑'에서 다른 사람의 노래
1997년	KBS '가요톱10' 립싱크 여부 화면에 표시. 1년 후 '뮤직뱅크'로 바뀌며 폐지
1999년	이수만, '립싱크 하는 가수도 엔터테이너로 인정하
2002년	힙합그룹 '씨클로'에 참여했던 정양이 다른 가수의
2003년	'빅마마', 립싱크를 소재로 한 뮤직비디오로 데뷔
2009년	머라이어 캐리, KBS '스케치북'에서 립싱크
2011년	뮤지컬 '미션' 일부 장면에서 가수들이 립싱크하

유성 영화가 늦게 출현한 것은 연기와 소리를 동시에 담을 수 없었기 때문이다. 그 결과 녹음, 라이브, 립싱크가 각각의 방식으로 발전했고 오늘에 이르렀다.

유성 영화의 탄생

일반적으로 어려운 문제를 해결하는 방법은 절실함에서 나오는 경우가 많다. 하지만, 인류 최초의 장편 유성 영화는 할리우드에서 만들어졌다. 스튜디오 시스템을 통해 막대한 부를 챙길 수 있었던 할리우드에서는 새로운 기술의 개발에도 열심이었다. 기술의 개발을 촉진하여 더 많은 수익을 올리기 위함이었다.

드디어 최초의 유성 영화가 개봉되었다. 앨런 크로슬랜드(Alan Crosland) 감독의 《재즈 싱어(The Jazz Singer)》가 '최초의 유성 영화'라는 명예를 차지했다. 게다가 이 영화는 '소리'가 생명이라고 할 수 있는 뮤

최초의 유성 영화인 《재즈 싱어》의 감독 앨런 크로슬랜드, 영화 포스터, 그리고 영화의 한 장면.

지컬 영화였다. 지금의 관점에서 보면 당연히 어색하지만, 당시 관객은 이 영화의 목소리가 촬영 후에 더빙되었다는 사실을 알아차리지 못했다. 립싱크가 완벽하지는 않았지만, 당시에는 촬영 현장에서 동시녹음된 영화를 경험해 보지 못했기 때문에 라이브와 립싱크의 미세한 차이까지는 구별하지 못했던 것이다. 그리고 관객들에게 중요한 것은 라이브와 립싱크의 미세한 차이보다 '움직이는 그림'에서 현장의 소리가 울려 퍼진다는 경이로움이었다.

어떻게 완벽한 립싱크가 가능했을까?

먼저 배우들은 촬영의 현장에서 노래했고, 녹음 마이크로 노래를 녹음했다. 그렇게 녹음된 소리를 영화에 바로 쓸 수 없었다. 앞에서 말한 것처럼 현장의 카메라 소음이 너무 심했기 때문이다. 대신 정확한 가사, 감정의 높낮이, 정지된 순간(pause), 현장의 공연 분위기 등은 담아낼 수 있었다. 그 소리를 바탕으로 스튜디오의 녹음실에서 후시녹음을 진행했다. 현장의 느낌과 거의 유사하게 속도, 감정, 가사, 그리고 현장의 호흡까지도 녹음할 수 있었다.

그럼 더빙된 소리와 무성의 화면을 어떻게 동기화할 수 있었을까? 이를 가능하게 만든 것은 '사운드 트랙(sound track)'의 발명이었다. 앨런 크로슬랜드 감독은 녹음된 사운드 트랙을 무성 필름의 가장자리에

접착하여 화면의 영사와 동시에 소리가 나오는 방법을 고안했다. 그리고 이후에는 아예 사운드트랙이 내장된 상영용 포지티브 필름을 발명하기에 이르렀다. 이때까지는 필름의 가장자리에 사운드트랙이 띠처럼 붙어 있었다. 사운드 트랙의 발명으로 비록 동시녹음은 불가능했지만, 동시녹음과 유사한 효과를 얻을 수 있었다.

이로써 영화는 배우가 실제 대화하고 노래하는 단계에 이르렀다. 영화산업은 가수의 라이브 공연보다 더 인기 있는 장르가 되었다. 아름답고 멋진 얼굴을 클로즈업한 화면을 통해 노래를 감상했기 때문에 노래가 더욱 매력적으로 느껴졌던 것이다.

'오리지널 사운드 트랙이 뭐야?

방송을 듣다 보면 DJ가 음악을 틀어주면서 이렇게 설명하곤 한다. "영화 《스타워즈》의 오리지널 사운드 트랙(original sound track)을 들려드립니다." 이때 우리가 듣는 음악은 독립된 음악이 아니라 영화 속에 삽입된 음악을 말한다. 음악은 영화 속의 다른 소리, 즉 대사나 현장의 소리와 함께 나온다. 즉, 오리지널 사운드 트랙은 영화에 사용된 그대로를 들려준다는 의미이다. 오리지널 사운드 트랙은 음반으로 출시되기도 한다.

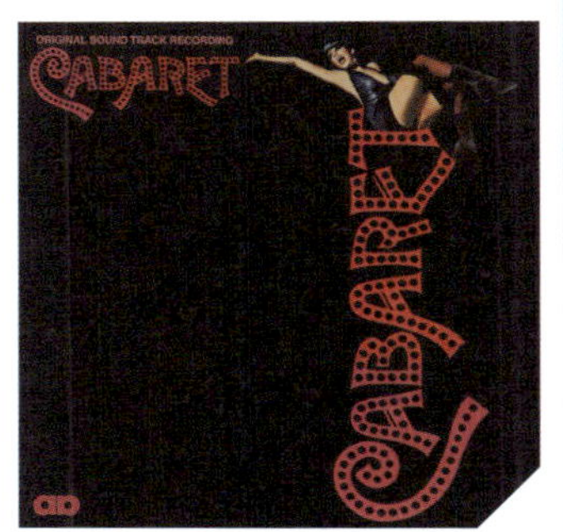

영화 《카바레(Cabaret)》의 오리지널 사운드 트랙 음반

《재즈 싱어》는 어떤 영화인가?

이 영화의 줄거리(synopsis)는 아주 단순하다.

'주인공 소년 재키는 성직자의 아들이다. 아버지는 그에게 성가를 부르라고 강요했지만, 소년 재키는 재즈 가수를 꿈꾼다. 그는 집을 나와 브로드웨이의 공연장, 노래를 부를 수 있는 카페 등을 전전한다. 각고의 노력 끝에 그는 브로드웨이의 극장에 뮤지컬 배우로 발탁되어 데뷔를 앞둔다. 성공이 눈앞에 다가왔다. 그 순간, 아버지가 위독하다는 소식을 듣는다. 그는 공연을 포기하고 집으로 간다. 그는 아버지의 임종은 지켰으나, 평생에 한 번 찾아오기 힘든 기회를 놓치고 배우의 꿈을 접어야 했다. 그러나 극장 관계자들은 그를 다시 발탁하고, 소년 재키는 브로드웨이의 뮤지컬 배우로 성공한다.'

실제 최초의 유성 영화는 《재즈 싱어》가 다니라 토마스 에디슨이 만든 영화들이었다. 영화의 역사에서 '최초'라는 타이틀은 주로 거대자본에 의해 만들어져 상업적으로 성공한 영화들이 차지한다.

토마스 에디슨의 영화들은 최소한의 비용으로 만들어졌기 때문에 대중적으로 상영하지 못했다. 그리고 사람들의 기억에서 사라졌다. 《재즈 싱어》를 최초의 유성 영화라고 말하는 것은 바로 그런 이유 때문이다.

이런 예는 앞에서 최초라고 명명했던 <기차의 도착>이나 <대열차 강도>, 《국가의 탄생》,《북극의 나누크》,《키노 아이》 등에도 적용될 수 있다. 그러니 '최초', '최대', '최고'라는 단어에 너무 집착할 필요는 없다.

《재즈 싱어》는 완전한 유성 영화가 아니었다

1927년에 제작된 영화 《재즈 싱어》는 무성 영화와 유성 영화가 혼합된 작품이다. 무성 영화 부분에서는 자막이 사용되었고, 유성 영화 부분에서는 노래를 들을 수 있다.

이 정도만 해도 영화 《재즈 싱어》로 인한 충격은 실로 엄청났다. 당시에는 사운드 시스템을 갖춘 극장이 한정되어 있어서 이를 구비하지 못한 극장에서는 유성 영화를 상영할 수조차 없었다. 《재즈 싱어》가 나온 이후에도 10여 년 동안은 무성 영화와 유성 영화가 함께 제작되었을 정도이다.

앞에서 살펴본 찰리 채플린의 무성 영화 《황금광 시대》는 1925년에 만들어졌고, 《시티 라이트》는 1931년에 개봉되었으며, 《모던 타임즈》는 1936년에 개봉되었다. 이후 무성 영화는 차츰 모습을 감추었고 유성 영화가 영화의 새로운 표준이 되었다. 그리고 사운드 시스템을 갖추지 못한 극장들은 하나씩 문을 닫고 사라져 갔다.

한국 최초의 유성 영화는?

한국 최초의 유성 영화는 일제강점기인 1935년에 만들어진 이명우 감독의 《춘향전》이다. 《재즈 싱어》처럼 노래, 즉 판소리가 나오는 영화였다. 《춘향전》역시 《재즈 싱어》처럼 '소리'가 영화의 생명이었던 경우라고 할 수 있다.

《춘향전》은 이후 여러 번 리메이크 되었다. 가장 최근에는 임권택 감독에 의해 2000년에 만들어졌다. 우리에게는 너무나 익숙한 이야기이지만, 외국 관객들은 영화 《춘향뎐》을 '한국의 전통 뮤지컬'로 생각하면서 판소리를 흥미진진하게 감상한다.

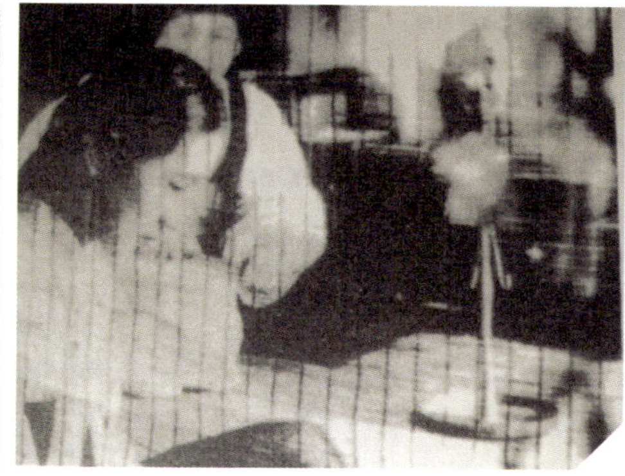

1935년에 제작된 한국 최초의 유성 영화 《춘향전》의 한 장면과 이명우 감독의 모습

08

컬러 영화의 전성기

1939~

우연히 대세가 된 컬러 영화

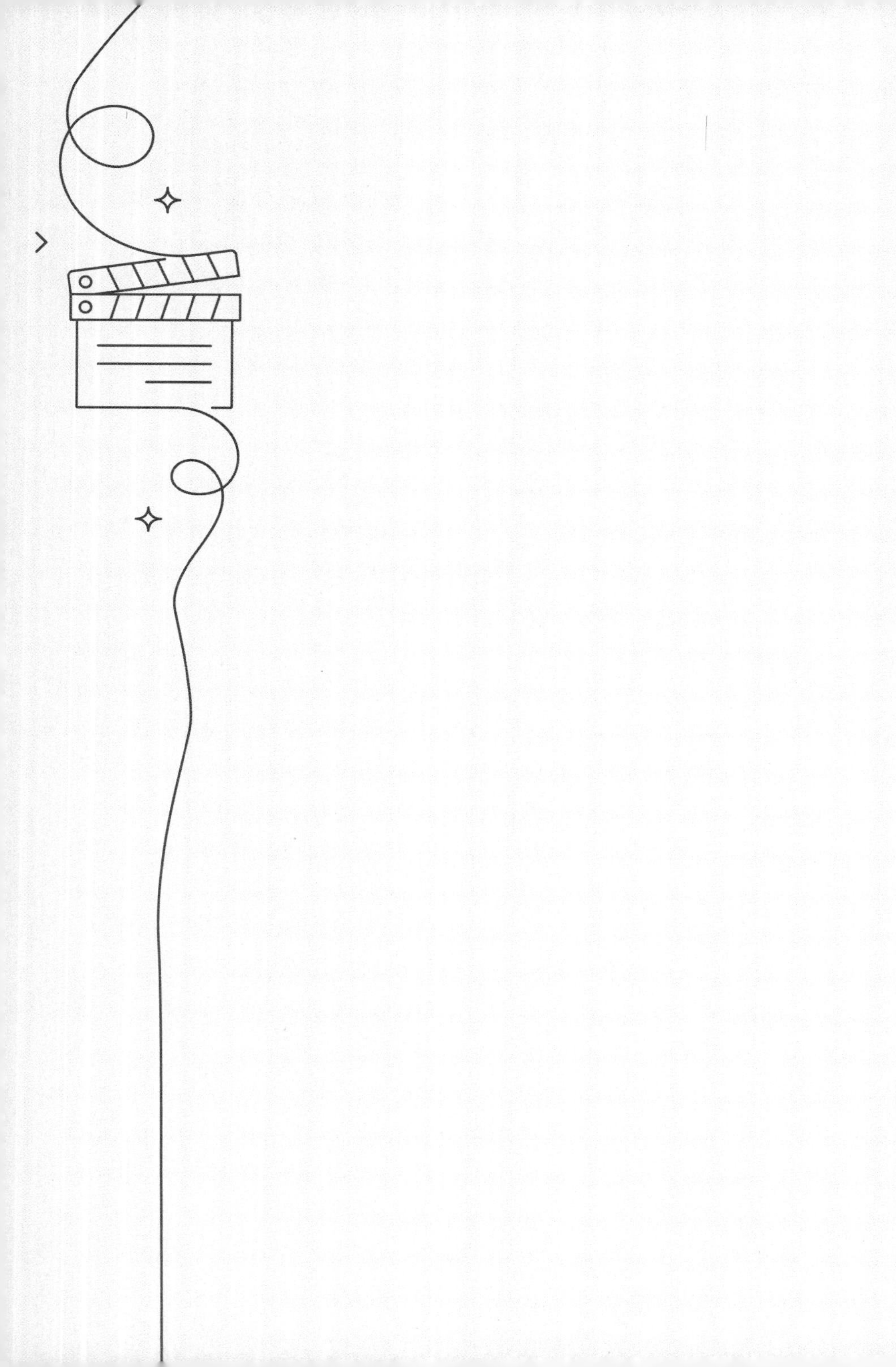

영화가 발명된 지 40여 년 동안 '움직이는 그림'은 흑백이었다. 쇼트가 분화되고, 편집과 몽타주가 발명듸고, 극영화와 다큐멘터리가 각자의 장르로 정착하고, 영화의 내러티브가 정교해지고 급기야 영화에서 소리가 나오게 되었지만, 화면은 여전히 흑백이었다. 관객의 요구는 끝이 없었지만, 영화 제작자들은 그들 자신을 위해 관객들의 요구를 받아들였다.

1939년 드디어 최초의 컬러 영화인 《오즈의 마법사(The Wizard of Oz)》가 만들어졌다. 처음에는 '총천연샄 영화'라고 불리었다. '현실에서 보는 자연의 색이 모두 있다.'는 의미에서 '총천연색 영화'라고 불렀던 것이다. 흑백영화라고 해서 색이 없는 것은 아니다. 검은색과 흰색, 회색의 배열이 있다. 지금부터 컬러 영화가 나오게 된 사회 상황과 영화 제작자들의 노력을 살펴보자.

컬러 영화의 대중화를 선도한 할리우드

《오즈의 마법사》는 빅터 플래밍(Victor Fleming) 감독에 의해 제작되어 1939년에 개봉한 할리우드의 대작이다. 당시로서는 천문학적인 금액이라 할 수 있는 제작비 300만 달러를 사용했다. 그로부터 한 세기 가까이 흐른 지금도 300만 달러, 즉 우리 돈 30억 원은 적지 않은 금액인데 당시에 어느 정도의 가치를 지녔을지는 가늠이 되지 않을 정도이다.

당시 할리우드 영화시장은 어마어마했다. 텔레비전이 아직 대중화되기 전이었기 때문에 영화는 사람들에게 최고의 오락거리를 제공하는 매체였다. 그런 상황에서 할리우드는 전 세계 영화산업의 중심이었다. 재능 있는 유럽의 감독들은 하나같이 할리우드에서 영화를 제작하는 것을 꿈꾸었다. 최고의 배우이자 최고의 감독이었던 찰리 채플린 역시 영국인이었지만, 할리우드로 건너가 활동했다. 할리우드에서 흥행에 성공하면 전 세계에서 흥행에 성공하는 것과 마찬가지였다. 이런 현상은 지금도 마찬가지다. 한국에서 성공을 거둔 감독들이 할리우드에서 활동하기를 원하는 것도 이와 거의 비슷한 맥락이다.

당시 《오즈의 마법사》와 같은 대작을 제작할 수 있는 능력을 가진 곳은 할리우드밖에 없었다. 그리고 컬러 영화의 파급력은 전 세계로 퍼져나갔다.

영화 《오즈의 마법사》의 포스터와 영화의 한 장면, 그리고 감독인 빅터 플래밍의 모습

최초의 컬러 영화는 《오즈의 마법사》가 아니다

컬러 사진은 이미 오래전에 사진가들에 의해 시도되었고, 영화의 역사에서도 20세기 초에 이미 컬러 영화의 제작이 시도되었다. 컬러 영화가 기술적으로 성공하지 못할 장벽은 아니었다. 문제는 산업적, 상업적 관점에서 굳이 엄청난 비용을 필요로 하는 컬러 영화를 만들 필요가 없다는 것이었다. 흑백의 '움직이는 그림'만으로도 사람들에게 충격을 안겨줄 수 있었기 때문이다.

컬러 실험의 선구자, 조르주 멜리에스

조르주 멜리에스(Georges Méliès)는 20세기 초에 〈달나라 여행(A Trip to the Moon)〉이라는 SF 단편영화에서 컬러를 시도했다. 그는 뤼미에르 형제의 〈기차의 도착〉을 보고 움직이는 그림에 큰 충격을 받았다. 재산을 팔아 무비 카메라를 구입한 조르주 멜리에스는 단편영화를 찍기 시작했고 이후 수백 편의 단편영화를 완성했다. 〈기차의 도착〉이 기차가 역에 진입하는 장면을 찍은 다큐멘터리였다면, 조르주 멜리에스의 단편은 다큐멘터리, 극영화, 공상과학 영화, 초기 애니메이션 등 다양한 형태의 실험영화들이었다. 그는 필름을 겹쳐 당시에는 아주 생소한 디졸브(dissolve), 즉 두 화면이 겹쳐 보이는 효과를 실험했고 쇼트의 편집을 통해 다양한 의미를 창출하기도 했다. 그의 실험 중에는 컬러 영화도 포함되어 있었다. 그의 컬러 영화는 흑백 필름에 자신이 원하는 색깔을 채색하는 수준에 그쳤는데, 이는 상업적인 목적보다는 개인적인 작업이라는 생각이 강했기 때문이다. 컬러 영화 역시 〈달나라 여행〉이라는 초현실적 주제를 부각시키기 위한 시도였다.

이후 컬러 필름이 본격적으로 대량 생산되면서 《오즈의 마법사》가 개봉되기 이전인 1930년대에 다수의 컬러 영화들이 제작되었다. 그러나 사람들은 컬러 영화에 그다지 열광하지 않았다. 컬러 영화에 대한 사람들의 반응은 클로즈업이나 소리, 편집, 몽타주, 다큐멘터리의

조르주 멜리에스 감독과 영화 〈달나라 여행〉의 한 장면

등장 등에 비하면 뜨뜻미지근했다.

컬러 영화에 열광적이지 않았던 이유는?

컬러 영화에 대해 사람들의 미적지근한 반응은 영화의 근본적 매력이 '현실적인 그림'이 아니라는 사실에서 비롯된 것이었다. 영화가 현실과 다른 무엇인가를 다룬다는 의미에서 컬러보다는 흑백이 더 매력적이었다. 우리가 매일 눈으로 보는 것을 영화관에서 또 보고 싶어 할까? 영화가 인류에게 던진 충격파는 삶이 아니라 움직이는 그림 그 자체에 있었다. 눈으로 보고 있는 것이 현실과 똑같다면 그것은 오히려 매력을 덜 느끼게 된다. 사람들은 컴컴한 어둠 속의 스크린에 꿈을 꾸

하나의 장면을 흑백과 컬러로 만들었다. 어느 쪽이 매력적일까? 흑백은 심플한 느낌이 있고, 컬러는 현실적인 느낌이 있다.

는 것처럼 걸어 다니고 싶은 것이지 현실 속을 걷고 싶었던 것이 아니다. 한편, 이미 컬러 사진의 발달로 현실과 같은 색의 그림에 익숙해져 있었던 탓이기도 하다.

《오즈의 마법사》가 컬러 영화의 시대를 개막했던 이유

《오즈의 마법사》는 이전의 영화들과는 달리 '판타지(fantasy)' 영화였다. 판타지 영화이기 때문에 환상적이고 몽환적인 느낌이 필요했다. 흑백영화는 판타지를 표현하기에는 1%가 부족했다. 그래서 느낌에 맞는 컬러를 사용했던 것이다. 이는 현실을 다룬 영화와는 다르게 관객의 상상력을 무한대로 팽창시켰고, 불가능한 꿈과 욕망을 대리 충족시켜 주었다. 관객은 탄성을 질렀다. 드디어 영화에서도 판타지를 표현할 수 있게 된 것이다.

《오즈의 마법사》를 기점으로 컬러 영화가 대세로 자리 잡게 되었다. 한번 새로운 것을 경험하면 그 이전의 것에는 시큰둥한 반응을 보이는 것이 인간의 속성이었다. 그에 따라 영화의 장르도 다양해졌다. 현실적인 것에서부터 환상적인 것까지 영화에서 표현의 영역이 확장되었기 때문이다. 그때까지 사람들의 관심을 끌지 못했던 컬러 영화는 판타지라는 자기 짝을 찾음으로써 위력을 발휘하게 되었다.

흑백영화는 사라졌을까?

물론 이후에도 흑백영화가 만들어지지 않았던 것은 아니다. 유럽을 중심으로 영화의 예술성에 관심을 두는 감독들이나 컬러 필름을 구매할 능력이 없었던 무명의 감독들은 여전히 흑백영화를 선호하였다. 그들은 컬러 영화가 지나치게 상업성을 추구한다고 비판하곤 했다.

그러나 컬러 영화와 흑백영화 중에서 어느 것이 우위에 있다고 할 수는 없다. 영화는 영화를 만드는 사람의 신념에 따라 두 갈래의 길로 나아갔다. 하나는 '예술의 길'이었고, 하나는 '산업의 길'이었다. 흑백영화는 오늘날에도 여전히 만들어지고 있다. 지나치게 상업주의가 난무하는 시대에 만들어지는 일부의 흑백영화는 사람들에게 따듯함과 평화로움을 선사하곤 한다. 또한 컬러와 흑백을 함께 사용하는 영화도 심심찮게 만날 수 있다.

컬러 영화가 대세가 된 사회적 요인

한국에서 텔레비전이 대중화된 시기는 1970년대였고, 그마저도 동네에 한두 집 정도에만 텔레비전이 있었다. 당시에는 텔레비전을 무슨 보물단지처럼 케이스 속에 보관했다가 볼 때만 잠시 열곤 했다.

하지만,《오즈의 마법사》가 개봉된 1939년 미국에서는 흑백 텔레비전이 대중의 주요 오락거리로 부상해 있었다. 널리 보급된 흑백 텔레비전으로 인해 영화는 점점 영향력을 잃어가고 있었다. 실내에서 텔레비전을 통해 드라마나 영화를 볼 수 있는데 굳이 극장까지 가서 영화를 보는 것이 귀찮아진 것이다.

그런 이유로 인해 영화는 텔레비전 드라마와 차별되는 대작을 추구했는데, 거기에 환상적인 천연 컬러를 스크린에 구현함으로써 영화는 흑백 텔레비전과의 경쟁에서 확실한 우위에 설 수 있었다. 이 차별화 전략은 떠나간 관객을 다시 극장으로 불러들이는 성공적인 결과로 이어졌다. 이처럼 컬러 영화의 출현에는 텔레비전과의 경쟁에서 살아남기 위한 산업적 목적이 있었다.

1960~70년대의 자바라 케이스 텔레비전

《오즈의 마법사》는 어떤 영화일까?

《오즈의 마법사》는 1900년에 미국에서 발간된 어린이용 판타지 동화였다. 지금까지도 전 세계에서 가장 많이 읽히는 동화 중의 하나라고 할 수 있다.

'캔자스의 어느 시골에 도로시라는 아이가 엄마 아빠와 같이 살고 있었다. 어느 날 토네이도가 들이닥쳐 도로시는 '오즈'라는 다른 이상한 곳으로 가게 되었다. 도로시가 집으로 돌아가는 유일한 방법은 오즈의 마법사를 찾아가 그에게 도움을 청하는 것이었다. 도로시는 갖가지 모험과 환상적인 경험을 하면서 오즈의 마법사를 찾아가고, 그의

왼쪽은 《오즈의 마법사》의 한 장면이고, 오른쪽은 오늘날 게임에서 구현한 환타지의 장면이다. 100년이라는 시간차에도 불구하고 이 두 그림에서 우리가 느끼는 차이는 크지 않다.

도움을 받아 캔자스로 돌아온다.'

'한국 최초의 컬러 영화'는 1947년에 제작된 안철영 감독의 《무궁화 동산》이다. 그는 1947년 예술 사절로 미국영화계를 시찰할 기회를 얻어 하와이를 거쳐 헐리우드를 방문할 기회를 가졌는데 이때 《무궁화 동산》을 제작하였다. 이 영화는 하와이에 모여 살고 있는 우리 교포들의 생활상을 기록한 기록 영화이다.

다만, 이 영화는 해외에서 촬영됐고, 기자재도 해외에서 임대해 촬영된 데다가 촬영과 후반 작업이 온전히 한국 영화인의 손으로 제작된 것이 아니라는 한계를 가지고 있다. 비록 서울영화주식회사가 제작을 했지만 엄밀히 말해서 한국 최초의 컬러 영화라는 타이틀에는 어울리지 않는다.

이 타이틀에 걸맞은 작품은 1949년 만들어진 홍성기 감독이 25세의 젊은 패기로 만든 《여성일기》이다. 이 영화는 해방 직후 열악한 경제적 상황에서 고군분투하며 만들어졌다. 대략 5만여 명이 영화를 관람했다고 전해진다. 당시의 한국 영화 시장의 규모를 감안하면 굉장한 히트작이었다.

줄거리는 다음과 같다. 황온순은 친구의 오빠를 사랑하지만, 그에게 본처가 있다는 사실을 알게 되어 실망하고 세상과 단절하고 사회사업에 전념한다. 주인공은 여자의 손으로 보육원을 경영해 나간다는 것이 그리 용이하지 않은 현실에도 불구하고 굽힐 줄 모르는 의지로 육영사업을 성공으로 이끈다. 전라북도 이리(현재의 익산)에서 '보화원'이란 탁아소를 연 것을 필두로 해방 직후에는 서울역에서 구호소를 열어 일제 징용에서 돌아온 젊은이들을 돕는다는 이야기이다.

컬러 영화는 제작비가 많이 들었기 때문에 한국에서는 1960년대에 접어들어서야 주를 이루게 되었다.

시놉시스만 보더라도 흑백영화로 만들면 흥미가 떨어질 것으로 보인다. 오즈라는 환상의 나라, 토네이도가 부는 하늘, 그리고 마법의 세계를 제대로 표현하기 위해서는 컬러가 필요했다. 그 컬러도 현실의 색이 아니라, 환상적인 색감이어야 했다. 이렇듯 《오즈의 마법사》가 '최초의 컬러 영화'라는 타이틀을 가지게 된 것은 필연적이라고 할 수 있다. 만약에 컬러 영화를 촬영할 수 있을 정도로 과학기술이 발전하지 않았다면 《오즈의 마법사》는 이보다 훨씬 더 늦게 만들어졌을지도 모른다.

모든 영화를 컬러로 만드는 시대

《오즈의 마법사》는 컬러로 만들어야 하는 필연적인 이유가 있었다. 이 영화의 유명세로 인해 흑백영화는 억울하게도 '구식' 영화로 치부되었다. 그 이유로 저예산으로 제작되는 영화들도 모두 컬러의 시대로 진입했기 때문이다. 이처럼 컬러 영화가 영화시장을 장악하게 된 이유 중에는 '우연적 요소'도 한몫했다.

09

SF 영화의 전성기

1977~

영화! 인간의 꿈을 안고 우주로 날아가다

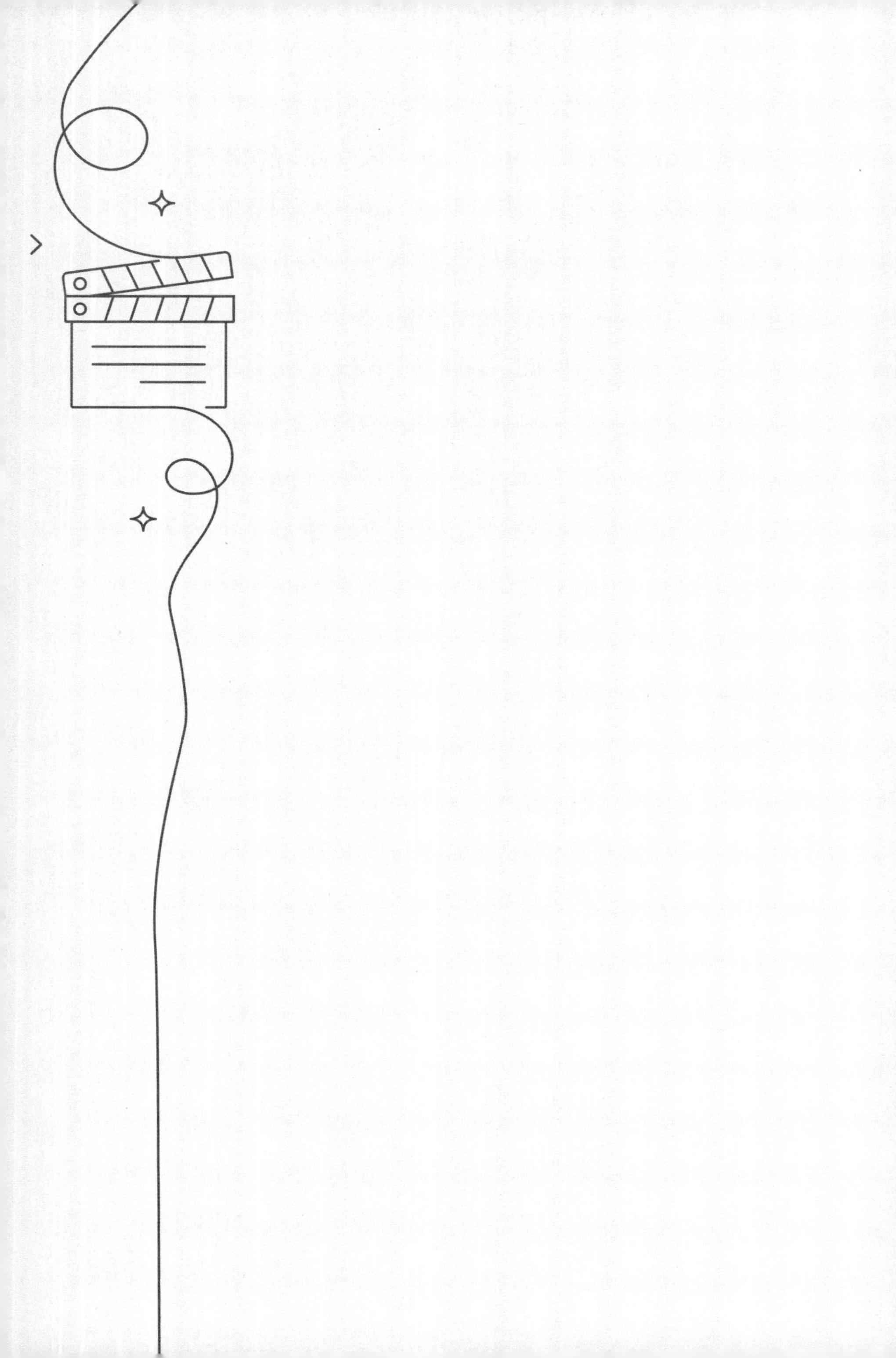

영화 제작에는 투기적인 속성이 있다. 그래서 영화는 자본주의적 산업인 동시에 예술이기도 하다. 영화에 투자하는 사람들은 100원을 투자해서 1,000원이나 10,000원을 기대하고 투자를 하는 것이지, 100원을 투자해서 110원을 벌기 위해 투자를 하는 것이 아니다. 흔히 말하는 것처럼 성공하면 대박, 실패하면 쪽박이다. 우리가 편의점에서 아르바이트를 하면 최저 시급으로 1C,000원 정도를 받고, 휴대폰을 만드는 회사는 원가 40만 원의 제품을 20만 원의 이익을 붙여 60만 원에 판매한다. 이것은 어느 정도 예측이 가능하다.

그러나 영화는 이런 식의 예측이 불가능하다. 수많은 영화 제작사에서는 '황금알'을 거머쥐기 위해 경쟁을 한다. 그런 이유로 《오즈의 마법사》 같은 판타지까지 장르를 확장해 나갔다. 남들과는 다른 아이디어를 선점해야 살아남을 수 있기 때문이다. 지구상에서 벌어지는 사건에 관한 영화는 이미 수만 편 이상의 작품이 만들어졌다. 그중에서 몇 편의 영화는 대중의 머릿속에 남아 있지만, 나머지는 흔적도 없이 사라졌다. 새로운 아이디어를 선점하기 위해 이제 영화는 지구를 벗어나 우주로 나아간다.

영화는 일종의 '투기'에 가깝지만, '투자'라고 미화된다. 투자라면 상식적인 선에서 제작비와 이익을 정확히 계산할 수 있어야 하지만, 영화에서 이를 계산하는 것은 쉽지 않다. 어떤 면에서 영화는 코인이나 부동산과 유사하다. '성공하면 대박, 실패하면 쪽박'이라는 말에서 알 수 있듯이 투자자들은 항상 엄청난 수익을 기대할 수 있는 영화에 투자를 하기 마련이다. 그래서 인기배우가 나오는 대작 영화 중심으로 대규모의 투자가 이루어진다. 이는 어쩔 수 없는 현실이다. 그렇기 때문에 흥행의 성공 여부가 영화의 우수성이나 작품성을 평가하는 기준이 될 수는 없다.

물가상승률을 고려한 영화 매출 순위 1위를 기록한 영화는 《바람과 함께 사라지다》이다.

SF 영화는 판타지 영화와 어떻게 다른가?

SF(science fiction)는 공상과학, 즉 과학적 허구라는 뜻이다. 이는 판타지 영화와는 다른 개념이다. 판타지 영화는 꿈이나 몽상, 마법의 세계, 황당한 상상을 일컫는다. 《오즈의 마법사》는 판타지 영화이다. 제목에서 나타나듯이 마법의 세계를 다룬다. 같은 반 친구인 남자가 어느 날 여자가 된다든지, 갑자기 자신을 가족이 알아보지 못해서 생각해 보니 자신이 죽어서 유령이 되었고, 죽음의 세계를 탈출해서 다시 현실의 세계로 돌아온다는 이야기들은 판타지 영화이다. 이런 판타지 영화는 주변에서 쉽게 접할 수 있다.

이와는 달리 SF는 과학에 근거를 두고 있다. 과학적으로 입증되었거나, 아직 입증되지 않았지만, 과학적으로 충분히 가능성이 있는 이야기를 다룬다. 그래서 외계인, 우주 밖의 행성, 우주선, 4차원의 세계, 블랙홀, 시간여행 등이 영화의 소재가 된다. 관객들은 이 설정을 황당무계한 일이라고 받아들이지 않는다. 과학적인 연구와 성과 등에 기초해서 진행되기 때문이다. 거꾸로 가는 시간여행이나, 외계인의 존재 등은 인간의 지성으로 규명하지 못한 영역일 뿐, 그 가능성은 무궁무진하다.

특히, 외계인이나 외계 생명체들의 지구 방문을 일부에서는 진실로 받아들이고 있다. 그들은 우리를 볼 수 있지만, 과학적으로 성숙하지 못한 우리가 그들을 보지 못하는 것일 수도 있다고 생각하는 사람들도 적지 않다. 1980년대의 스티븐 스필버그 감독의 SF 영화 《E. T.》는 그 당시에는 상상의 산물로 치부되었지만, 오늘날에는 '사실'로 받아들여지고 있다. 최근 미국 정부에서 시효가 만료된 비밀문서를 공개함으로써 지난 세기의 '외계 존재'의 방문 가능성이나 '미확인 비행물체(UFOs)' 등을 국가 차원에서 은폐하고 있었다는 사실이 밝혀지면서 이에 대한 연구가 전환점을 맞고 있는 것이 현실이다.

영화의 탄생에 SF 영화까지, 영화의 발자취

최초의 영화 〈기차의 도착〉은 '다큐멘터리'였다. 역에 진입하는 기차의 모습을 기록한 짧은 영상일 뿐이었지만, 그 속에는 인간 문명의 위대함과 숭고함 등이 함축되어 있었다. 사람들은 영화를 통해 인간 문명과 기술의 새로운 가능성을 목격했다고 느꼈으며 매료되었다.

이후 연극의 영향을 받은 극영화로 영화의 발전은 이어졌다. 시나리오를 바탕으로 한 극영화는 점차 서사와 인물, 사건을 중심으로 구성되며 대중적 흥미를 이끄는 형태로 진화하였다. 이러한 흐름 속에서 영화는 자연스럽게 상업성과 결합하게 되었는데, 이는 미술이나 문학과 달리 대규모 제작비가 필요한 예술이자 산업이라는 영화의 특성에서 비롯된 것이었다.

한편, 극영화 중심의 흐름에 대응하듯 사실의 기록을 중시하는 경향도 나타났다. 영화 본래의 정신으로 돌아가자는 것이었다. 그 대표적인 예가 다큐멘터리 영화 《북극의 나누크》이다. 이 작품은 극적 연출보다는 실제 삶의 모습과 환경을 기록하는 데 초점을 맞추며, 영화가 현실을 바라보는 또 다른 방식이 될 수 있음을 보여주었다.

이후 영화는 다큐멘터리와 극영화를 축으로 하면서 다양한 방향으로 확장되었다. 극영화는 쇼트의 발명과 편집, 몽타주의 발명으로 시간과 공간을 자유자재로 다루며 영화사에 새로운 지평을 열었다. 무성 영화는 유성 영화로 발전하였고, 급기야 컬러 영화로 진화하며 표현의 폭을 넓혀 갔다. 당시에는 이러한 기술적 진보가 영화 발전의 정점에 이른 것처럼 인식되기도 했다.

그러나 관객의 요구는 거기서 멈추지 않았다. 그들은 새로운 것의 등장에 열광했지만, 금세 싫증을 느꼈다. 그들은 끊임없이 무언가 더 새로운 것을 요구했다. 이에 막대한 자금을 투자해 영화를 만드는 제작자들은 소재의 확장을 꾀했다. 현실의 사랑이나 사건을 그린 영화는 그저 그런 정도의 흥행으로 이익을 가져다주었지만, 차별화된 흥행을 기대하기 어려웠기 때문이다. 이러한 배경 속에서 영화 제작자들의 끝없는 산업적 욕망이 돌파구로 발견한 것이 바로 과학기술과 상상력을 결합한 SF 장르였다.

SF 영화가 출현한 배경

소재의 확장에는 분명한 근거가 필요했다. 엉뚱한 소재를 발굴한다고 해서 관객들의 관심을 끌 수 있는 것은 아니었다. SF 장르는 혁신적이었지만, 그 근거는 단순했다. 우주가 더 이상 신이 사는 미지의 세계가 아니라는 것이 그 근거였다. 이제 대중은 우주를 인류가 활동하는 일부분으로 바라보기 시작했다.

1957년 10월 4일, 소비에트 연방(러시아)은 최초의 우주선인 스푸트니크 1호를 우주로 쏘아 올렸다. 스푸트니크 1호는 인간이 지구 밖으로 쏘아 올린 최초의 인공위성이었다. 나아가 1961년 4월 12일에는 최초의 유인 우주선을 쏘아 올렸다. 인류 최초의 우주인의 이름은 유리 가가린이었다. 미국은 이에 충격을 받았고 곧바로 우주개발에 착수했다. 마침내 1969년 7월 16일 아폴로 11호가 발사되었고, 7월 20일 달에 착륙했다. 닐 암스트롱, 마이클 콜린스, 버즈 올드린이 탑승하고 있었는데, 이들 중 암스트롱과 올드린이 달에 발을 내딛는 쾌거를 이루어냈다.

이제 우주는 불가능한 영역이 아니라 인간이 탐사할 수 있는 일부가 되었다. 그에 발맞추어 SF 소설이 날개 돋친 듯이 팔려나갔다. 대중의 관심은 지구를 넘어 우주로 향했다. 물론 현실의 사건과 사랑을 다룬 영화가 전혀 관심을 끌지 못했다는 의미는 아니며, 이를 다루는 영화도 꾸준히 만들어졌다. 하지만, 언제나처럼 영화를 발전시킨 것은 새로움에 대한 요구였다.

결국, 영화는 미지의 영역인 우주를 영화 속으로 끌어들였다. 초기에는 영화가 우주를 시각적으로 구현하는 데 한계가 있었다. 소설은 글로 쓰면 되지만, 영화는 시각적으로 우주를 보여주어야만 했다. 우주로 나가 외계 행성에서 영화를 촬영할 수는 없었다. 이를 가능하게 만들기 위해서는 아주 특별한 촬영 기술과 무대장치, 그리고 특수효과가 필요했기 때문이다. 간간이 SF 영화를 표방한 작품이 있었지만, 대중의 탄성을 자아내지는 못했다. 그것은 표현적 차원에서 불가능한 영역처럼 여겨졌다.

그런 와중에 드디어 그럴듯한 SF 영화가 출현했다. 그 서막을 연 작품은 조지 루카스(George Walton Lucas) 감독의 1977년 작품 《스타

《스타워즈》 시리즈의 조지 루카스 감독과 영화 《스타워즈》의 한 장면

워즈(Star Wars)》였다. 이 영화는 전 세계를 강타한 그야말로 핵폭탄과 같은 블록버스터였다. 스타워즈 신드롬은 영화 그 이상이었다. 〈기차의 도착〉이 기차를 통해 인간 문명을 찬미했다면,《스타워즈》는 인간 문명이 우주로까지 확장되는 기술을 보여줌으로써 인류의 자긍심을 드높이기에 충분한 작품이었다.

영화의 흥행 포인트는 단지 영화의 스토리에만 있는 것은 아니다. 때로는 사회적, 정치적 신드롬도 흥행에 강력하게 작용하는데《스타워즈》가 바로 그런 작품이라고 할 수 있다.《스타워즈》는 처음 만들어진 이후 반세기가 지난 지금까지도 시리즈로 만들어지고 있는 대표적인 작품 중 하나이다.

《스타워즈》 시리즈는 어떤 영화인가?

'우주의 평화가 유지되고 있던 어느 시기, 평화를 깨고 무역에서 발생하는 부를 독점하려는 한 무리의 악당이 출현한다. 그들은 행성 중의 하나인 아미달라 여왕이 통치하는 나부 행성을 침략한다. 이를 격퇴하기 위해 제다이(기사)가 출동하고, 그들은 이 전쟁의 음모를 꾸미고 있는 한 무리가 있음을 깨닫는다.'

이처럼 이야기 구조는 단순하다. SF 영화의 매력은 구조의 복잡함이 아니라 새로운 세계, 우주를 표현하는 기술에 있었다. 이 영화는 미국의 힘을 상징하는 대표적인 문화상품이 되었다. 정의로운 제다이는 미국을 은유하는 것처럼 보이고, 미국은 지구를 넘어 우주의 평화를 지키는 자유의 수호신이 되었다.

영화 《스타워즈》는 개봉 이후 같은 이야기를 반복하며 드라마, 소설, 애니메이션, 게임 등 다른 장르로 파생되었다. 오늘날 새롭게 나오는 SF 영화 역시 이야기의 기본 뼈대는 단순하다. '우주의 적이 있고, 영웅은 적을 물리친다.'는 것이다. 이렇게 진부한 스토리에도 불구하고 여전히 대중이 열광하는 이유는 나날이 발전하는 과학기술을 통해 표현되는 최첨단의 이미지에 있다고 할 것이다.

조지 루카스 감독은 《스타워즈》 시리즈의 첫 번째 작품인 "새로운 희망"을 제작한 후에 대중의 외면과 흥행 실패를 우려해 낙담했고, 한동안 두문불출했다고 전해진다. 거액을 투자한 20세기 폭스에서도 영화가 흥행에 실패할 것이라는 생각에 아주 작은 규모의 개봉만을 준비했을 정도였다. 그러나 예상과는 달리 "새로운 희망"은 대중의 폭발적인 관심을 불러일으켰고, 이후 《스타워즈》 시리즈가 지속적으로 만들어질 수 있는 기반이 되었다. 정리해 보자면, 《스타워즈》 전체 시리즈는 처음부터 계획적으로 만들어진 것이 아니라는 말이다.

이후에도 2002년 《스타워즈: 클론의 습격》, 2005년 《스타워즈: 시스의 복수》, 2015년 《스타워즈: 깨어난 포스》, 2017년 《스타워즈: 라스트 제다이》, 2019년 《스타워즈: 라이즈 오브 스카이워커》가 만들어졌다. 이처럼 《스타워즈》 시리즈는 계속해서 이어지고 있으며, 미래에도 이어질 것이다. 우주는 무한히 확장되고, 그에 상응하는 새로운 이야기들이 생겨날 것이기 때문이다.

놀라운 사실

한국 최초의 SF 영화는 이창근 감독이 1960년에 만든 《투명인의 최후》다. 한국전쟁이 끝난 지 7년 만에 SF 영화를 제작했다는 것을 생각해보면 굉장히 놀라운 일이다. 그러나 제목에서 알 수 있듯이 공상과학 영화임에도, 《스타워즈》처럼 우주를 촬영하고 묘사하는 과학 기술은 거의 등장하지 않는다. 실제로 영화의 설정도 아주 소박하다. 하지만, 대한민국이 미국과 같은 강대국이었다면 《투명인의 최후》가 SF 영화의 교과서가 되었을지도 모를 일이다.

10

애니메이션의 전성기

1989~

영화는 한계가 있지만, 애니메이션은 모든 것이 가능하다

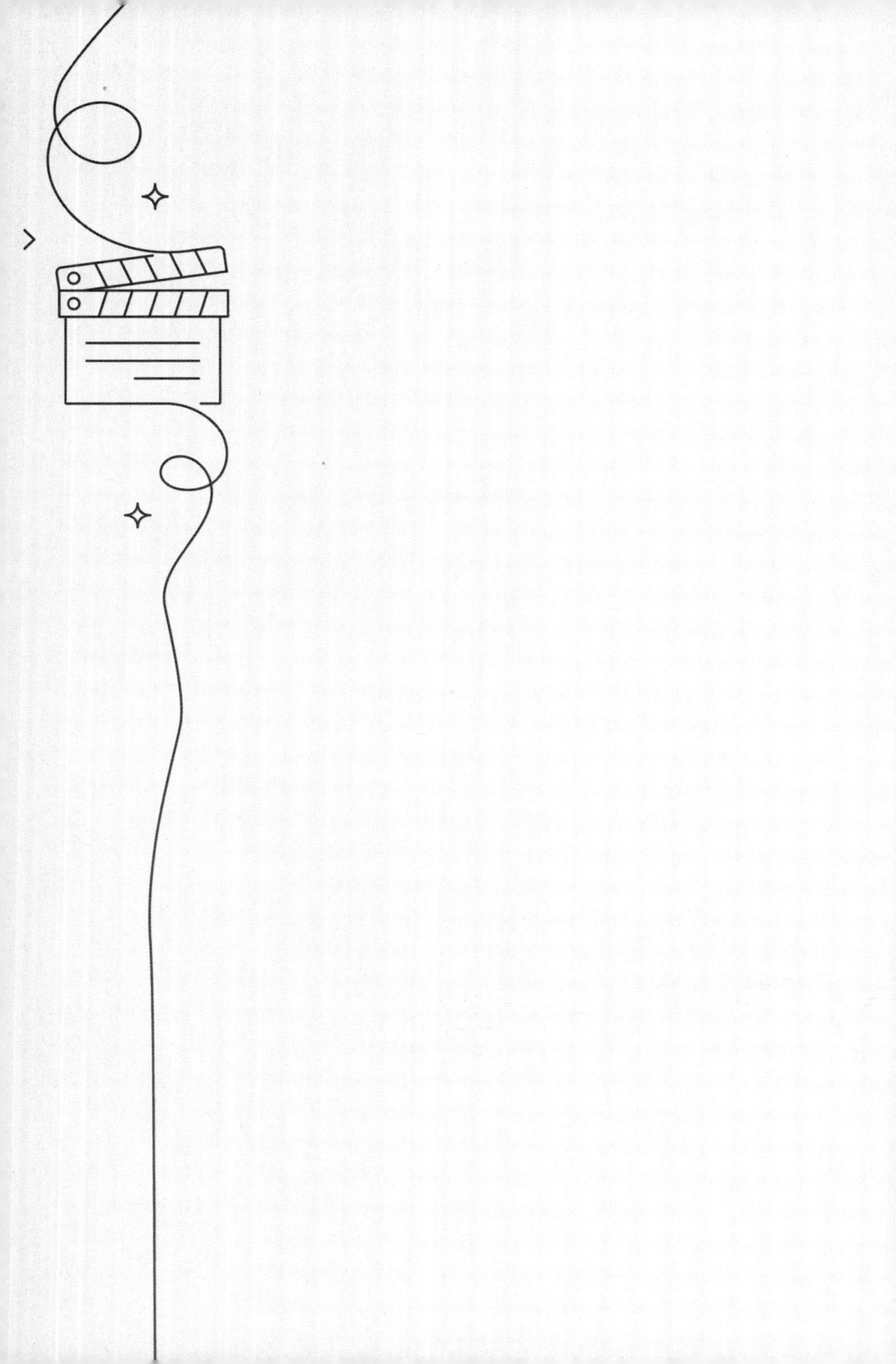

지나간 것은 불필요한 것일까? 그렇지 않다. 인류는 무심히 흘러가 버린 것이나 쓸모없는 것에서도 새로움의 힌트를 발견한다. 여기에 그 증거가 있다. 바로 '과거의 유물'로부터 탄생한 새로운 장르의 영화가 애니메이션이기 때문이다.

〈기차의 도착〉 이래로 90여 년 동안 영화는 끝없이 발전했다. SF 영화로까지 소재가 확장되자, 당시로서는 더 이상 나아갈 곳이 없는 듯했다. 그럼에도 불구하고 관객들은 여전히 새로움을 요구했다. 제작자들은 관객의 눈높이에 맞춘 영화를 제공해야 했다. 그들은 과거 아이들의 놀이였던 '움직이는 그림', 즉 '플립북(flip book)'에서 새로움을 찾아냈다. 플립북은 조금씩 다른 모양의 그림이 그려진 공책을 빨리 넘기면 사물이 움직이는 것처럼 보였던 과거의 놀이였다. 그들은 여러 장의 그림을 필름으로 찍은 후에 이 필름을 영사하면 그림이 움직이는 것처럼 보인다는 사실에 주목했다. 이 단순한 발견이 21세기에 황금알을 낳는 영화 장르인 애니메이션으로 발전했다.

애니메이션의 출발은 정지된 그림이 움직일 수 있다는 사실을 찾아낸 것이었다.

〈기차의 도착〉 이후, 대부분의 사람들은 실제 현실의 움직임을 찍고 싶은 욕망 때문에 정지된 그림이 움직일 수 있다는 사실을 완전히 잊고 있었다. 인류는 영화의 돌파구를 정지된 그림을 움직이게 하는 과거의 놀이에서 찾아냈다.

애니메이션의 의미와 원리

애니메이션(animation)은 '살아 있다'라는 뜻이다. '생기 있게 만들다'라는 뜻을 가진 라틴어 단어 'animatio'에서 파생했다. 영어 단어 'animal' 역시 라틴어 'animatio'에서 유래된 것이다. 그렇다면 애니메이션은 무엇이 살아 있다는 것일까?

극영화나 다큐멘터리는 모두 살아 움직이는 사람과 자연을 찍는다. 반면, 애니메이션은 '죽은', 즉 정지되어 있던 그림이 살아난다는 의미이다. 실제로 애니메이션에서는 그림들이 살아 있는 것처럼 움직인다.

우리가 생활 속에서 보는 그림은 언제나 정지해 있다. 그 그림이 영화에서 살아 있는 것처럼 움직이도록 하려면 무엇이 필요할까? 영화 제작자들은 정지된 그림을 조금씩 다르게 그린 다음, 한 '프레임(frame)'씩 촬영한 필름을 상영하면 '움직이는 그림'이 된다는 사실을 발견했다. 일반적인 필름으로 찍은 영화에서 1초의 장면은 24프레임으로 구성된다. 그러니까 100분 정도인 장편영화 한 편에는 144,000장의 그림이 필요하다. 이 144,000장의 장면을 모두 그리려면 수백 명의 만화가가 필요할 것이다. 또한 이를 한 프레임씩 촬영해야 했기 때문에 144,000번의 촬영이 필요했을 것이다. 이처럼 애니메이션 제작에는 수많은 인원과 대규모의 자본이 필요했다. 그래서 애니메이션 역시 영화산업이 대규모로 발전한 할리우드에서 태동했다.

할리우드 외에는 애니메이션을 만들지 않았을까?

유럽이나 대한민국을 포함한 아시아, 아프리카, 남아메리카에서도 애니메이션 제작을 시도했다. 하지만, 이들이 제작했던 애니메이션 영화의 완성도는 물론 전반적인 산업 규모나 대중적 영향력 면에서도 미국 애니메이션에 미치지 못했다. 인류는 영화가 태동하기 전부터 정지된 그림을 '살아 있는' 그림으로 만드는 환상을 가지고 있었고, 이와 유사한 놀이를 만들어서 즐겼다. 그러니 영화를 만들고 이를 즐기는 사람들이 있는 곳이라면 그곳이 어디든 '애니메이션'에 대해서도 관심을 가졌을 것이다. 그것은 어쩌면 당연한 귀결이었다.

왜 애니메이션은 뒤늦게 발전했을까?

그렇게 오랫동안, 그리고 그렇게 많은 사람이 즐겼는데 '왜 애니메이션은 뒤늦게 발전했을까?'라는 의문을 가질 수 있다. 영화를 가리키는 단어인 '시네마(Cinema)', 영화(映畵), '키노(kino)', '무비(movie)' 등은 모두 '움직인다'는 의미를 담고 있다. 영화의 역사에서 당연히 애니메이션이 극영화나 다큐멘터리보다 먼저 태동하거나, 최소한 동시에 발전해야 하지 않았을까? 그림이 사진보다 훨씬 먼저, 그리고 훨씬 오랫동안 인류와 생사고락을 같이 한 장르였으니 말이다.

하지만, 애니메이션은 산업화되고 상업화되기까지는 오랜 시간이 필요했다. 앞서 말한 것처럼 애니메이션은 수많은 노동력과 막대한 자본, 그리고 정교한 기술이 필요한 영역이었다. 이런 조건들이 충족되지 못했기 때문에 애니메이션은 뒤늦게 꽃을 피울 수밖에 없는 장르였다. 결과적으로 애니메이션은 SF 영화가 만들어지고 상업적으로 성공을 거둔 이후에도 상당한 시간이 흐른 1980년대 후반에야 본격적으로 제작되기 시작했다.

1980년대 이전의 애니메이션

애니메이션 영화의 역사는 20세기 초로 거슬러 올라갈 정도로 오래되었다. 유럽, 미국 등에서 다수의 영화감독이 이미 애니메이션 영화를 만들었다. 그러나 자본력의 한계로 인해 실험적인 짧은 단편이 대부분이었다. 이렇게 만들어진 애니메이션 영화들은 주로 영화계에 종사하는 사람들에게만 알려지는 정도였고, 극장에서 상영이 되더라도 일회성 이벤트에 그치며 사람들의 기억 속에서 사라졌다. 당시 대부분의 작품은 실험적이거나 단순한 구성으로 인해 상업적인 성공을 거두지 못했다.

할리우드의 디즈니 스튜디오에서는 1930년대에 이미 《백설공주와 일곱 난쟁이》 같은 장편 애니메이션을 제작했다. 이 작품은 당시로서는 혁신적인 기술을 활용한 표현으로 큰 상업적 성공을 거두며 애니메이션이 하나의 산업으로 성장할 수 있다는 가능성을 보여주었다. 다만, 실사영화와는 다른 표현 방식과 표현의 한계로 인해 애니메이션은 여전히 어린이들이 주로 보는 장르이거나 시간을 보내기 위한 오락물 정도로 인식되고 있었다. 그 때문에 애니메이션 시장은 성숙하지 않은 상태에 머물러 있었다.

　고대 인류는 동굴에 비친 자신의 그림자를 움직이는 놀이를 즐겼다. 영화가 태어나기 수천 년 전부터 인류는 이미 '애니메이션 놀이'를 즐기고 있었다. 중국의 그림자 연극은 '그림자라는 그림'이 움직이는 것이었다. 그리고 언제부터인가는 종이나 노트에다 조금씩 다른 형태의 비슷한 그림을 그린 후에 책갈피를 빠르게 넘기면 그 안에 그려진 사람이나 동물들이 움직이는 것처럼 보인다는 사실도 알고 있었다.

　협소한 의미의 영화가 필름에 찍힌 '그림'을 말한다면, 최초의 애니메이션 영화는 <기차의 도착>이 만들어진 후, 10년 만에 나왔다. 역시 영화의 주도권을 쥐고 있던 할리우드에서 진행된 실험의 결과였다. 1906년에 제임스 스튜어트 블랙톤(James Stuart Blackton) 감독이 만든 <유쾌한 얼굴(Humorous Phases of Funny

제임스 스튜어트 블랙톤 감독과 단편 애니메이션 〈유쾌한 얼굴〉의 한 장면

Faces)>은 무지의 화면, 즉 아무것도 없는 빈 화면에 얼굴의 윤곽이 그려지는 과정을 찍었다. 몇 분의 영화를 위해 조금씩 완성되어 가는 얼굴 100여 장을 그렸지만, 화면과 화면이 부드럽게 넘어가지는 않는다. 오늘날의 시선으로는 조악하기 그지없지만, 당시 상황을 감안하면 충분히 한 편의 영화로서 감상할 만하다. 그리고 1908년 에밀 콜(Émile Cohl) 감독은 <판타스마고리(Fantasmagorie)>라는 단편 애니메이션을 만들었다. 이 작품은 <유쾌한 얼굴>과 달리 화면의 전환도 부드럽고, 무엇보다 정교한 스케치로 사람들의 관심을 끌었다. 그러나 이 작품 역시 상업적인 성공을 거두지는 못했다. 극영화가 대중을 사로잡고 있었던 시대였기 때문이다.

에밀 콜 감독과 단편 애니메이션 〈판타스마고리〉의 한 장면

-<기차의 도착>에서부터 애니메이션까지-

영화는 '다큐멘터리' <기차의 도착>에서 극영화 <대열차 강도>, 《국가의 탄생》으로, 극영화는 무성 영화 《황금광 시대》에서 유성 영화 《재즈 싱어》로, 유성 흑백영화에서 컬러 영화 《오즈의 마법사》로, 현실의 사건에서 판타지의 세계로, 판타지 《오즈의 마법사》에서 SF 영화 《스타워즈》로, 다시 애니메이션 《인어공주(The Little Mermaid)》로 거듭 진화하며 발전해 왔다. 물론 이 작품들은 그 시대를 대표하는 '대작' 영화, 즉 주류 영화를 말하는 것이지 그 이외의 영화가 만들어지지 않았다는 의미는 아니다. 1980년대에 들어서자, 기술의 발달로 인하여 애니메이션의 표현 영역은 SF 영화를 뛰어넘게 되었고, 이제 더 이상 장르의 확장은 정체된 듯 보였다.

※ 한 페이지로 정리하는 영화의 역사

① 다큐멘터리 〈기차의 도착〉에서 극영화 〈대열차 강도〉,《국가의 탄생》으로
② 극영화는 무성 영화 《황금광 시대》에서 유성 영화 《재즈 싱어》로
③ 유성 흑백영화 《재즈 싱어》에서 컬러 영화 《오즈의 마법사》로
④ 현실의 사건에서 판타지의 세계 《오즈의 마법사》로
⑤ 판타지 《오즈의 마법사》에서 SF 영화 《스타워즈》로
⑥ 애니메이션 《인어공주(The Little Mermaid)》로

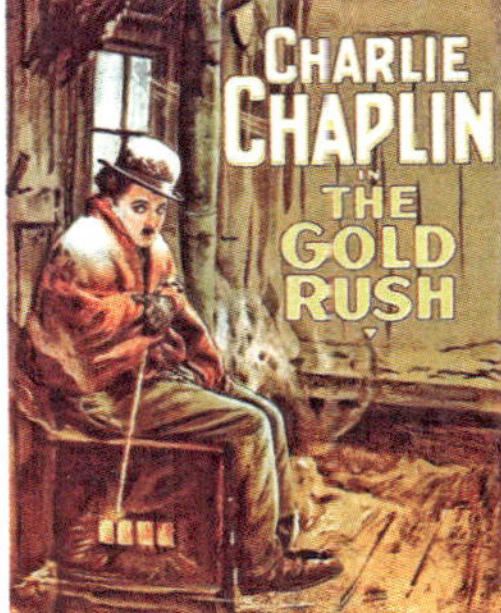

맨 위 왼쪽에서부터 순서대로 《기차의 도착》, 《황금광 시대》, 《대열차 강도》, 《국가의 탄생》, 《전함 포템킨》, 《재즈 싱어》, 《오즈의 마법사》의 포스터, 그리고 《스타워즈》와 《인어 공주》의 로고

《인어공주》의 탄생

이 영화의 원작은 덴마크 동화 작가 한스 크리스티안 안데르센의 동화 《인어공주》이다. 1989년 월트 디즈니 스튜디오에서 애니메이션 영화로 만들어진 이후, 2000년과 2008년에 후속작이 제작되었으며, 텔레비전용 만화영화, 연극이나 뮤지컬 등으로도 만들어지는 대표적인 문화 콘텐츠 중 하나가 되었다.

안데르센의 동화 《인어공주》 표지와 덴마크의 코펜하겐에 있는 인어공주의 동상

이 영화는 판타지 영화《오즈의 마법사》, SF 영화《스타워즈》시리즈와 비슷한 경로를 밟으면서 엄청난 영향력을 발휘했다. 1989년 당시에 이 영화는 전 세계에서 2억 달러의 흥행 수입을 올렸다. 이를 우리 돈으로 환산하면 1,000억 원대 후반에 해당하는 금액인데, 30여 년 전의 일이라는 것을 감안하면 어마어마한 금액이 아닐 수 없다.

이 영화의 성공을 시작으로 애니메이션은 텔레비전을 벗어나 극장용으로 발전해 나갔다. 이제 애니메이션은 아이들이 보는 것이라거나 시간을 때우는 용도라는 통념을 깨트렸다. 애니메이션은 거대한 스크린 앞에서 어른들이 아이들과 함께 감상하는 작품이 되었다. 영화《인어공주》는 전 세계에 애니메이션 영화의 신드롬을 일으켰고, 전 세계 영화시장에서 애니메이션이 주요 장르로 자리 잡는 계기가 되었다.

《인어공주》의 줄거리와 흥행의 조건

'천상의 목소리를 지닌 에리얼은 물 밖의 세계에 대한 호기심으로 가득 찬 바다 왕국의 인어공주다. 어느 날, 에리얼은 바다에 빠진 왕자를 구해주고 인간의 매력에 빠진다. 그녀는 인간이 되기로 결심한다.'

이렇듯 흥행을 위한 대작들은 플롯(이야기 구조)이 매우 단순했다.《오즈의 마법사》나《스타워즈》시리즈 역시 단순한 이야기 구조를 지녔다. 영화에서 이야기보다 중요한 것은 스펙터클하고 환상적인 화면을 구현하는 것이었다. 오늘날까지 영화는 사람들에게 시각적인 볼거리를 제공하는 경향으로 발전해 왔다.

삶은 더 복잡해졌지만, 영화의 이야기 구조는 무성 영화 시대보다 더 단순해졌다. 그만큼 삶에 지친 사람들은 스크린을 통하여 스트레스를 해소하고 휴식을 제공하는 오락거리를 원했다. 복잡한 내러티브, 즉 암시, 복선, 심오한 심리적 표현, 그리고 복잡한 관계 설정 등은 외면당하기 일쑤였다.

애니메이션이 SF 영화를 뛰어넘을 수 있었던 이유

SF 영화는 신비로운 우주와 외계인, 우주기지, 미래의 풍경 등 볼거리로 가득 차 있다. 그에 비해 《인어공주》는 어린이다운 발상과 소박하다고 할 수 있는 풍경이 주를 이룬다. 《인어공주》가 사람들의 관심을 끈 이유는 화면의 규모에 있는 것이 아니라, 그림이 선사하는 정서적 분위기에 있었다. 《인어공주》는 동화에 영화적 기술이 접목되어 SF 영화에서는 느낄 수 없는 인간적인 분위기가 배어 있었다. 엄청난 자본과 대규모의 인력이 투입되어 환상적이면서 인간적인 장면들이 하나하나 꼼꼼하게 만들어졌다.

또한, 《인어공주》는 SF 장르와는 다른 회화적 예술성을 선사했다.

바로 그 이유 때문에 소박한 아이들의 영화라는 고정관념을 넘어서 어른도 즐길 수 있는 오락 예술 영화로 다시 태어날 수 있었다. 이는 과학기술의 발전과 인간의 '손'이 만나 창조한 색다른 세계였다. 다른 관점으로 생각해 보면, 애니메이션 영화의 대중화는 대중들에게 현대사회의 복잡함을 거부하는 복고적 취향이 나타났기 때문이라고 말할 수도 있다.

소박한 텔레비전용 애니메이션은 1950, 1960년대 어린이용 프로그램이나 광고 등으로 만들어졌다. 극장에서 개봉한 최초의 장편 애니메이션 영화는 1967년 신동헌 감독에 의해 만들어진 《홍길동》이었으며, 2년 동안 극장에서 상영되어 10만 명의 관객을 끌어들인 흥행작이었다. 대한민국에서 《홍길동》이 제작된 1967년은 미국에서 《인어공주》가 제작되기 훨씬 전이었다.

물론, 미국에서도 1989년에 《인어공주》가 제작되기 이전에 애니메이션 영화가 만들어졌다. 흔히 영화의 역사에서 말하는 '최초'라는 타이틀은 앞에서도 언급했던 것처럼 전 세계에 상업적, 산업적 영향력을 끼치면서 영화사의 흐름을 바꾼 영화들을 말한다. 당연히 미국 영화가 거론될 수밖에 없다.

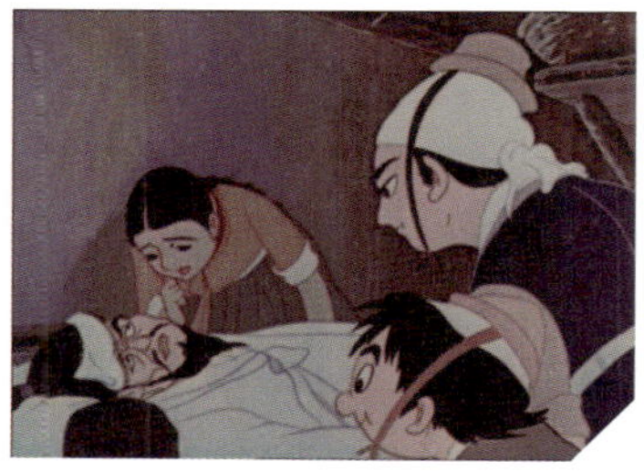

대한민국 최초의 장편 애니메이션 영화 《홍길동》의 포스터와 영화의 한 장면

11

현대의 영화

1999~

디지털과 인터넷, 영화의 고정관념을 바꾸다

130여 년 동안 진화 발전해 온 영화는 어디로 갈 것인가? 이제 더이상 가야 할 곳이 없는 듯하다. 우주, 지하, 해저, 인간의 내부까지 모든 것이 영화의 표현 영역이 되었다. 오늘날 영화는 소재의 확장이 아니라 필름에서 디지털로, 영화관에서 인터넷으로 나아갔다. 21세기 초에는 필름에서 디지털로의 '제작 혁명'이 이루어졌고, 2020년을 전후해서는 영화관에서 인터넷으로 옮겨가는 '상영 혁명'이 이루어졌다. 일부에서는 '인터넷은 영화관이 아니고, 영화는 영화관에서 봐야만 한다.'고 비판하면서 '영화 관객을 OTT에서 영화관으로 다시 불러와야 한다.'는 주장을 펼치고 있다.

과연 그럴까? 그것은 영화에 대한 편협한 시각이다. 아무도 그림자 연극이나 움직이는 그림 놀이가 필름 영화로 변화할 것이라고는 생각하지 못했고, 다큐멘터리로 시작되었던 영화가 연극을 모방하여 극영화로 발전하리라고도 생각하지 못했다. 애니메이션, SF로의 진화 등모든 것이 영화가 처음 출현했을 때는 예상하지 못했던 사건이었다.

고전적인 필름무비 카메라에서 디지털 무비 카메라로, 필름에서 디지털 파일로, 편집실의 수작업에서 편집 프로그램으로, 그리고 영화관의 스크린에서 가정의 OTT로 130여 년 동안 진화 발전해 온 영화는 어디로 갈 것인가?

디지털카메라가 처음 나왔을 때, 영화감독이나 제작자들은 여전히 필름 촬영을 선호했고, 디지털카메라는 영화의 색감이 아니라는 이유로 배척했다. 그러나 그 모든 것이 거역할 수 없는 현실이 되었다. 영화는 시간의 흐름 속에서 끊임없이 변해간다. 영화가 오직 영화관에서 상영되는 것만을 지칭한다면 머지않은 미래에 영화는 사라지게 될 수도 있다. 그렇다면 생각해 보자. OTT에서 보는 것은 영화가 아닌가? 오늘날 영화는 소재나 촬영 방법을 넘어서 상영의 패러다임(틀)조차 근본적으로 바꾸고 있다.

필름에서 디지털 파일로

영화는 오로지 필름으로만 찍을 수 있었다. 필름은 디지털화가 되기 전의 비디오카메라가 구현하지 못하는 색채와 공간감을 보여주었다. 아무리 텔레비전에서 재미있는 연속극을 해도 사람들은 극장을 찾았고 그곳에서 영화를 보았다. 방송국 비디오는 필름의 화질을 따라오지 못했기 때문이다.

1990년대부터 2000년대로 넘어가는 시기에 영화 제작 방식에서 일대 혁신이 일어났다. 디지털 고화질 HD(High Definition) 카메라가 등장했다. 네거티브 필름을 갈아 끼우면서 촬영하고, 촬영된 음화, 즉 네거티브 필름을 빛에 비추어보면서 간신히 형체를 파악한 다음에 이를 자르고 붙이는 편집을 거쳐서 상영이 가능한 포지티브 필름으로 현상하는 복잡한 과정을 생략할 수 있게 된 것이다. 상영과정은 어떤가? 영화관 뒤에는 커다란 상영실이 있었다. 그곳에 필름 영사기를 설치하고 돌렸다. 이제 디지털 프로젝터를 설치하고 버튼만 누르면 된다. 디지털 HD는 영화 제작 공정을 대폭 축소하고 영화의 보관과 상영을 용이하게 만들었다.

필름 영화를 고집했던 사람들

그러나 일부의 감독들은 여전히 필름 제작을 고집했다. 그들에게도 새로운 기술에 대한 두려움이 없지는 않았을 것이다. 하지만, 그들이 필름 제작을 고집했던 이유는 단지 새로운 기계조작과 같은 어려움에 대한 고민이 아니라, 필름만이 주는 아날로그적 감성과 분위기를 사랑했기 때문이다. 그들이 보기에 디지털 고화질 HD의 전반적인 느낌은 인위적이며 차가웠다. 솜털까지 적나라하게 드러나는 화면에 등장하는 배우의 얼굴은 우리가 생각하는 따뜻한 얼굴이 아니었던 것이다.

디지털 영화의 서막을 알린 영화는 1999년 조지 루카스(George Lucas) 감독의 《스타워즈 에피소드1, 보이지 않는 위험(Star Wars Episode I: The Phantom Menace)》이었다. 조지 루카스는 실험 정신이 강한 감독이었다. 《스타워즈》의 첫 번째 에피소드인 "새로운 희망"의 예상치 못한 흥행으로 세계 영화를 쥐락펴락하는 위치에 올랐다. 그 상황에서 그는 《스타워즈》의 프리퀄 시리즈 첫 작품에서 디지털 영화의 서막을 여는 실험에 나섰다. 디지털 영화가 필름과는 다른 세계를 보여주긴 하지만, 그것은 모험이었다. '디지털은 영화가 아니야. 영화는 필름 고유의 느낌을 표현하는 것이야.'라고 외치는 평론가들에 의해 비난을 받을 수도 있었다. 이미 필름 영화로 성공한 감독이 그런 모험을 시도한 것은 대단한 결단이었다. 그런 대범함이 조지 루카스 감독을 현대영화의 거장으로 만들었다.

디지털 영화의 시대

영화는 자본주의의 산물이다. 제작비의 절감과 경제성을 무시할 수 없었다. 특히 HD 카메라도 장점이 있었다. 구현된 화면은 필름과는 비교할 수 없는 선명함을 보여주었다. 이것은 빛이 부족한 장소나 야간 촬영을 용이하게 만들었다. 배우의 얼굴에 있는 약간의 흠결은 분장으로 가릴 수 있었다. 처음에는 어색했던 것도 자꾸 보면 익숙해지듯이 사람들은 점점 필름의 분위기보다는 디지털이 주는 섬세함에 매력을 느꼈다. 나아가 복고적인 필름의 느낌을 원하는 감독들의 요구에 맞춰 그것을 가능하게 하는 디지털 기술이 발명되기까지 했다. 디지털의 차갑고 비인간적인 색상과 디테일을 필름 룩(film look), 즉 필름의 느낌으로 바꿀 수 있게 되었다.

그렇다면 디지털카메라는 부족한 것이 전혀 없는 것일까? 디지털카메라의 출현 이후 10여 년의 기간 동안에는 필름 카메라와 디지털 HD 카메라가 함께 사용되었지만, 2010년 이후로는 필름 카메라를 거의 사용하지 않게 되었다. 경제적인 이유로 인해 모든 것이 바뀌었다. 저렴한 디지털 무비 카메라의 보급으로 영화 제작은 더욱 쉬워졌다. 1억 원에 가까운 전문가용 카메라에 비해 보급형 디지털카메라의 가격은 수백만 원 정도였다. 이제 독립영화와 예술영화의 제작자들, 학생들, 영화애호가들도 마음만 먹으면 소자본으로 영화를 찍을 수 있게 되었다.

디지털카메라의 보급과 더불어 이제는 필름으로 영화를 찍는 일이 극히 예외적인 상황이 되었다. 비용의 문제만이 아니다. 필름 카메라를 다루는 사람을 찾기가 어려울 뿐만 아니라, 필름 현상소나 필름 영사기의 수가 급격하게 줄어들었기 때문이다. 현재 대한민국에서 필름 영사가 이루어지는 대표적인 곳은 시네마테크인 서울아트시네마이다.

극장에서 안방으로

현대영화의 또 하나의 혁신은 디지털 시네마의 확산과 더불어 영화의 상영 장소가 바뀌고 있다는 점이다. 관객은 더 이상 극장을 고집

시네마테크는 '영화도서관'의 역할을 하는 공공적 성격의 영화관을 말한다. 이곳에서는 최신 흥행 위주의 상업영화보다는 지금까지 살펴본 고전영화나 독립영화, 예술영화, 혁신적인 실험영화, 그리고 한국에 잘 알려지지 않은 영화를 소개한다. 시네마테크는 비영리적 성격을 띠며 회원들의 회비와 영화애호가들의 후원으로 운영된다. 알려진 바에 따르면, 2022년에는 배우 유지태가 시네마테크 서울아트시네마의 좌석 교체를 후원한 바 있다.

정동에 위치한 서울아트시네마 내부, 문화유산으로 보존되고 있는 필름상영 영화관 광주극장, 2023년 주차장 부지로 활용하기 위해 철거된 원주 아카데미극장(왼쪽 위부터 시계 방향으로)

하지 않는다. 대형 텔레비전의 보급, 가정용 오디오 시스템의 발전, 인터넷망의 구축으로 집에서 편히 영화를 감상할 수 있는 환경이 조성되었기 때문이다. 흔히 코로나19 바이러스의 유행으로 비대면의 생활이 일상화되었고, 그로 인하여 영화관에 가는 발길이 끊겼다고 한다. 그러나 그런 분석은 피상적이라는 생각을 지울 수가 없다.

코로나19가 '안방극장'의 활성화를 가속화했다는 것은 맞지만, 단지 코로나19 때문에 안방극장이 활성화된 것은 아니다. 사실 이미 10여 년 전부터 극장상영에서 인터넷으로의 전환은 이루어지고 있었다. 영화 투자자의 입장에서 봤을 때, 극장의 운영비용과 인터넷 상영시스템의 구축 비용은 경제적인 관점에서 비교가 되지 않기 때문이다. 당연히 상영 비용 대비 이익은 인터넷이 높을 수밖에 없다. 바로 그 점이 상영의 패러다임을 바꾼 것이다.

영화는 예술이기도 하지만, 한편으로는 항상 수익을 추구하는 방향으로 발전해 왔던 산업이기도 하다. 또한 감독의 예술적 시도와 함께 투자자들의 수익에 대한 요구가 기술혁신과 장르의 다변화를 이끌어 온 것도 사실이다. 그러므로 일부 언론의 분석처럼 단지 코로나19의 창궐이 안방극장의 유행을 이끌어 왔다는 말은 핵심을 비켜있는 것처럼 보인다. 코로나19가 쇠퇴한 지 수 년이 지났는데, 사람들이 OTT를 떠나지 않는 이유를 생각해 볼 필요가 있다. 무엇보다 그곳에 재미있는 영화가 많기 때문이다.

전 세계를 강타한 OTT 영화 《오징어 게임》

2021년 《오징어 게임(Squid Game)》이 전 세계에서 인기를 끌었다. 파일 하나로 몇 달 만에 수억 명의 시청자를 모을 수 있었는데, 극장에서 상영을 했다면 이런 현상이 가능했을까? 《오징어 게임》은 작품의 콘셉트와 인터넷 상영이 잘 맞아떨어진 예라고 할 수 있다.

《오징어 게임》은 굳이 영화관에서 보지 않아도 충분히 작품의 재미를 느낄 수 있다. 물론 이 작품이 영화관에서 상영되는 영화에 비해 수준이 떨어진다는 의미는 결코 아니다. 이 작품은 애초에 OTT를 겨

OTT는 'Over The Top'의 약자인데, 여기서 'top'은 과거 케이블 TV 시청에 필수품목이었던 셋톱박스(set-top box)를 가리킨다. 과거 셋톱박스 시스템에서는 케이블 방송국이 송출하는 시간과 프로그램을 따를 수밖에 없었다. OTT는 이 셋톱박스를 넘어선 시스템이란 뜻으로, 인터넷을 통해 관객이 원하는 시간에 원하는 프로그램을 볼 수 있는 상영 시스템을 말한다. 이것은 전 세계에 초고속 인터넷망이 설치됨으로써 가능해진 시스템이다. 얼마나 관객 중심적이고 편리한 상영 시스템인가?

냥해 만들었는데, 제작자와 감독이 시대의 흐름을 빨리 파악한 결과라고 할 수 있을 것이다. 물론 코로나19로 인하여 사람들이 극장에 가지 못했다는 사회 현상도 한몫했던 것은 사실이다. 그러나 중요한 사실은 OTT가 코로나19 사태 이전에 이미 영상 콘텐츠 유통 플랫폼으로 자리매김하고 있었다는 것이다. 그런 상황에서 《오징어 게임》이 기획 제작되고 있었다는 것은 제작자와 감독의 선견지명이 코로나19 사태로 도움을 받았다는 분석이 더욱 타당해 보인다.

이제 영화투자사나 제작자, 감독의 입장에서 볼 때, 수익의 절반을 극장에 배분하고 배급사에도 상당한 몫을 지불하면서까지 굳이 극장 개봉을 고집할 이유가 있을까? 특히 배급과 투자를 겸하는 일부 대기업의 구조를 고려하면, 감독이나 스텝, 그리고 제작사 등 힘들게 일한 사람들에게 돌아오는 몫이 지나치게 적다는 생각을 지울 수가 없다.

아무튼 《오징어 게임》 이후 영화의 역사는 다시 한번 변화의 시기를 맞고 있다. 《오징어 게임》처럼 소재를 잘 활용해 만든 작품은 굳이 극장 개봉을 고집하지 않게 되었다. 이제 소수의 판타지 영화와 SF 영화만 극장의 대형 스크린을 통해 유통되고 살아남는 시대가 되었다. 그마저도 재미와 화려함, 작품성을 고루 갖춘 웰메이드 영화여야만 가능하다.

오늘날 영화 제작자들은 아예 OTT에서 개봉하는 영화와 극장 개봉 영화를 구분하여 제작한다. 영화는 이렇게 '투 트랙(Two Track)' 전략에 의해 제작되고 있다. 불과 몇 년 전만 하더라도 영화는 무조건 극장 개봉을 목표로 제작되었고, OTT는 극장에서 상영된 다음 저렴하게 제공되는 경우가 많았다. 하지만, 이제 OTT는 극장과 동등한 영화 상영의 공간이 되었다.

영화의 미래는 예측 가능한가?

아마도 시간이 더 흐르면 인터넷을 기반으로 한 영화의 수익이 극장 개봉 영화의 수익을 앞지를 것이다. 마치 온라인 쇼핑 시장이 오프라인 쇼핑 시장의 크기를 앞서듯이 말이다. 이미 극장의 쇠퇴는 감지되고 있다. 코로나19 이후 사람들의 일상은 자유로워졌지만, 그들은 극장으로 100% 돌아오지 않았다. '영화는 극장에서 봐야 하는 것이니 극장으로 돌아오라!' 이런 호소는 대중에게 먹혀들지 않는다. 한 번 올린 영화 관람료를 내리는 것도 어렵지만, 관람료를 내린다고 해도 관객은 영화의 전성기 때처럼 극장으로 돌아오지 않을 것이다. 그 이유는 영화라는 개념이 이미 변화했기 때문이다. 10여 년 전만 하더라도 컴퓨터 모니터로 영화를 보는 것을 사람들은 어색해했다. 하지만, 지금은 스마트폰으로 영화를 보는 일이 자연스럽게 여겨진다. 이처럼 변화는 우리 자신도 모르게 다가온다. 그리고 시간이 흘러, 우리는 그 변화에 익숙해진 우리 자신의 모습을 보고 놀라게 된다.

그럼에도 영화의 미래를 예측한다면

이제 거실에 있는 '홈 시어터(home theater)', 즉 '안방극장'이라는 개념은 '퍼스널 시어터(personal theater)', 즉 '개인 영화관' 시스템으로 바뀔지도 모른다. 거실에서 가족과 함께 영화를 감상하려면 어떤 작품을 선택할 것인지부터 의견 조율이 필요하다. 그래서 혼자만의 영화를 보고 싶을 때는 각자의 방으로 돌아간다. 침대에 편히 눕는다. 그러나 스마트폰의 화면은 작다. 스마트폰의 작은 화면이 영화의 웅장함을 담을 수 없다고 해서 각자의 방에다 커다란 모니터와 오디오 시스템을 갖추는 것은 현실적으로 쉽지 않다. 그렇다면 화면을 확대하여 보여주는

홈시어터와 스마트폰, 그리고 VR 장치의 사진이다. 인류의 삶을 바꾼 스마트폰이 미래에는 영화의 가장 중요한 상영 공간이 될 수도 있을 것이다.

'XR 헤드셋(HMD)' 같은 기기를 이용해 영화를 볼 수 있지 않을까? 이 놀라운 발명품은 이미 상용화되어 가고 있으며, 보급형의 생산으로 가격이 내려갈 것이다. 우리는 한 집에 살지만, 각자 자신의 공간에서 혼자만의 영화를 보는 세상을 맞이하게 될 것이다. 더 이상 영화관에 갈 이유도 없고, 가족들과 의견을 조율하거나 누군가의 '방해'를 받을 이유도 없다.

물론 누군가는 '영화는 가족과 같이 보면서 정을 나누는 것이다.'라고 말할 수 있다. 그럴 수도 있다. 하지만 그것은 아주 일부분에 있어서 유의미한 것이다. 지금은 거의 모두가 자신만의 퍼스널 컴퓨터이자 OTT 영화관인 스마트폰을 가지고 있다. 애써서 영화에 가족을 접목할 필요가 없다는 이야기이다.

한 가지 분명한 것은 130여 년 전 영화가 탄생했을 때 지금과 같은 상황이 도래하리라고는 아무도 예측하지 못했듯이 미래의 영화는 지금 우리의 예상과 달리 엉뚱한 모습으로 바뀌어 있을 지도 모른다는 것이다.

12

한국 영화의 탄생, 그리고 현재와 미래

1919~

일제 침략 시기 영화의 변방에서 지구의 중심으로

한국 영화 위기론이 확산되고 있다. 코로나19가 종식되었어도 관객은 극장으로 돌아오지 않고 있다. 2024년에 개봉한 한국 영화 615편 중에서 투자 대비 수익, 즉 손익분기점을 넘긴 영화는 10편이었고, 2025년에도 8편에 불과했다. 한국 영화의 전성기 시절에는 주말에만 100만 명의 관객이 극장을 찾았지만, 지금은 한 달여의 상영에도 불구하고 관객 100만 명을 넘기는 영화는 손가락으로 꼽을 정도다. 왜 이렇게 되었을까? 사람들은 이런저런 분석을 내놓고 있으며, '재미있고 작품성이 우수하면 관객은 돌아온다.'는 식의 해결책을 제시한다.

그러나 과거의 한국 영화와 현재의 한국 영화에서 특별히 달라진 점을 찾기는 어렵다. 과거의 한국 영화는 작품성이 특별히 우수해서 관객이 몰린 것도 아니고, 현재의 한국 영화는 작품성이 형편없어서 관객으로부터 외면받는 것도 아니기 때문이다. 이제까지의 분석과 해결책은 대부분 극장 중심의 논리일 뿐이다.

현재 OTT는 인기를 누리고 있다. 이 지점에서 인식의 전환이 필요하지 않을까? OTT를 한국 영화의 주요한 시장으로 인정하는 것이다. 그렇지 않고 옛날의 성과에만 집착하면 비관론에 빠지게 될 것이다. 영화가 반드시 극장에서 개봉해야 한다는 논리는 철 지난 발상이라고 할 수 있다. 영화의 역사는 우리의 고정관념을 무시하고 이미 저 멀리 미래로 향하고 있다.

우리나라에 영화가 처음 들어온 시기는?

일제강점기였던 1910년 이전에도 상류층을 중심으로 영화를 '구경'했을 수는 있다. 공식적인 영화관은 존재하지 않았지만, 러시아, 영국, 청나라 등의 공관이나 선교사들을 통해 영화가 유입되었을 것이기 때문이다. 장편영화의 상영은 불가능했다고 해도 단편영화나 각 나라의 풍속을 담은 다큐멘터리 등이 소개되었을 것이다. 이에 대한 공식 기록은 남아있지 않다.

일제 침략기에 이루어진 최초의 영화 제작

일제가 조선을 식민지화하면서 이 땅에서도 영화가 제작되기 시작했다. 이 시기에 제작된 영화의 대부분은 조선의 지배를 합리화하는

‘뉴스 영화’, 즉 다큐멘터리였다. 전문 인력은 거의 일본인들이었고, 조선인들은 단순한 짐꾼이나 통역 등의 일을 했다. 이렇게 만들어진 영화는 조선 땅에서 만들어졌지만, ‘일본 영화’였다. 일본의 조선 침략을 합리화하는 내용으로 선전용으로 상영되었다.

이때까지 조선인에 의해 만들어진 조선 영화는 없었지만, 일본에 유학한 조선인들이 일본의 영화 현장에서 영화 제작 방법을 습득하고 있었다. 그리고 1919년 드디어 조선인에 의해 제작된 최초의 영화가 등장하게 되었다.

조선인이 만든 최초의 영화, 김도산 감독의 《의리적 구투》

최초의 한국 영화라 칭할 수 있는 이 영화는 1919년 10월 27일 단성사에서 개봉되었다. 단성사 사장이 제작에 필요한 자금을 지원했다고 알려져 있다. 《의리적 구투》는 완전한 영화의 형식을 갖춘 것이 아니라, ‘영화적 연극’의 형태인 ‘키노드라마(kino drama)’였다. 키노드라마는 ‘영화(kino)’와 ‘연극(drama)’을 혼합했다는 뜻이다. 연극이 진행되는 중간중간 연극에서 표현할 수 없는 장면이나 풍경이 영화로 상영되는 형식이었다.

　　주인공은 계모의 차별과 음모 속에서 어렵게 산다. 처음에는 가문의 평화를 위해 참지만, 계모의 음모가 결국 아버지의 재산을 가로채는 것에 있다는 것을 간파하고는 응징에 나선다. 이는 '장화 홍련'이나 '콩쥐 팥쥐'와 같은 구전 이야기이자 대중의 심금을 울리는 통속적인 이야기라고 할 수 있다.

《의리적 구투》를 만든 김도산 감독과 《의리적 구투》의 상영을 알리는 신문 광고, 그리고 당시 단성사의 모습(위쪽 오른쪽에서부터 시계 반대 방향으로)

한국 최초의 장편 극영화, 윤백남 감독의 《월하의 맹세》

《월하의 맹세》는 1923년에 만들어졌다. 이 영화는 키노드라마가 아니라 처음부터 끝까지 영화의 형식을 띠고 있다. 1919년 최초의 영화인 《의리적 구투》가 만들어진 이후에도 10여 편의 영화가 만들어졌

주인공 영득은 서울에서 공부한 지식인이다. 고향에 내려온 영득은 현실을 부정하며 허무주의에 빠진다. 그는 게으름을 피우며 아무 일도 하지 않고 노름에 빠져 산다. 그의 애인인 정순은 그를 옳은 길토 계도하려고 노력한다. 결국 정순의 아버지는 혼사를 위해 영득의 노름빚을 갚아주고, 영득은 새사람으로 거듭난다.

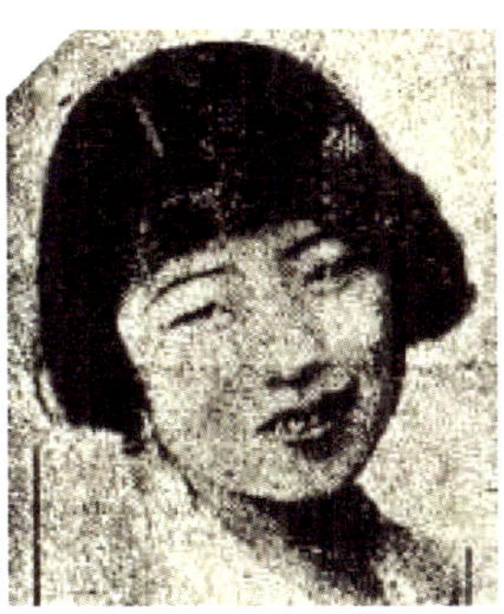

《월하의 맹세》에 출연한 여배우로 우리나라 최초의 여자 배우인 이월화와 30여 년 전 철거된 조선총독부 건물의 모습

지만, 모두 키노드라마 형식이었다. 영화《월하의 맹세》는 조선총독부에서 제작 자금을 후원했는데, 영화에 일제를 직접적으로 미화하는 정치적 요소는 보이지 않는다. 하지만, '바르게 살라!'는 메시지의 계몽적인 영화로, 식민지가 된 현실을 긍정하고 열심히 노력하면 행복하게 살 수 있다는 일제 통치를 정당화하려는 의도를 담고 있다.

'가장 가치가 있는 영화', 나운규 감독의 《아리랑》

《아리랑》은 1926년에 개봉한 흑백 35mm 무성 영화이다. 《의리적 구투》와 같이 단성사에서 자금을 지원했고 단성사 극장에서 개봉했다. 흔히 한국 영화를 논할 때 '최초의 작품'으로 알려져 있으나, 이는 우리 영화사에서 가장 가치 있는 영화이기 때문에 얻은 명성이다. 영화 《아리랑》의 가치는 단지 민족정신의 고취에만 있지 않다. 이 영화는 시적이고 아름다운 영상미, 강렬하면서도 슬픈 예술성을 담고 있다고 알려져 있다.

당시에 《아리랑》은 대중의 폭발적인 관심을 끌었고, 온 장안의 화젯거리였다. 일제의 탄압 속에서도 민족의 독립 정신을 고취하는 영화가 만들어지고 개봉될 수 있었던 것은 은유적인 표현으로 검열을 피할 수 있었기 때문이다. 일제는 이 영화를 단순히 '광인의 살인극'으로 보았다. 그러나 나라 잃은 민족의 관객들은 광인의 살인에서 카타르시

영화 《아리랑》의 감독 나운규

영진은 서울의 대학에서 공부하다가 3.1만세 운동의 충격으로 미쳐버린다. 광인이 된 그는 고향집으로 너려오지만, 정상적인 생활이 불가능하다. 그에기는 영희라는 여동생이 있다. 영진은 영희를 끔찍하게 아낀다. 영진의 친구인 현규가 영진을 만ㄴ러 오지만 영진은 친구마저 알아보지 못한다. 영희와 현규 사이에서는 사랑이 싹튼다. 마을에는 지주의 머슴인 기호라는 자가 있다. 그는 주인의 권세를 등에 업고 마을 사람들을 무시한다. 또 외경의 끄나풀이 되어 의심스러운 사람을 감시한다. 어느 날, 기호는 영희를 성폭행한다. 영진은 낫으로 내리쳐서 기호를 죽인다. 영진은 왜경에 의해 끌려간다. 영희와 마을 사람들은 슬픈 얼굴로 끌려가는 영진을 바라본다.

영화 《아리랑》의 한 장면이 나와 있는 개봉 포스터와 1957년에 리메이크된 《아리랑》 포스터

스를 느꼈다. 그 광인이 일본 경찰에 끌려갈 때, 관객들은 모두 자신이 끌려가는 것처럼 울었다. 안타깝게도 현재 이 영화의 필름은 사라지고 없다.

일제는 표현의 자유를 억압했다

《아리랑》의 대 성공 이후, 독립 정신을 고취시키는 작품들은 일제의 검열에 의해 상영이 금지되었다. 슬픈 이야기를 다루는 '신파' 속에 은유적으로 나라 잃은 슬픔과 독립의 의지를 고취시키는 영화들이 나타나곤 했다. 그러나 영화 《아리랑》만큼 강렬하지는 않았다. 그런 작품들은 제작비 조달에 어려움을 겪었다.

반대로, 일제의 식민지 지배를 합리화하고 조선인의 평화로운 생활을 그리는 영화들이 제작되었다. 1930년대 말 일제는 중국을 침략하여 만주를 점령했고, 급기야 미국의 영토인 하와이를 공격했다. 이런 상황에서 일제는 친일파 감독들을 더욱 필요로 했다. 친일파 감독들은 조선인에게 천황을 찬양하게 만들고, 창씨개명을 칭송하며, 태평양 전쟁에 참전해 대일본제국을 위해 죽는 것이 영광스러운 일이라는 메시지를 담은 영화를 만들었다. 이런 영화를 제작했던 친일파 영화감독들은 부귀영화를 누리고 살았다. 믿기 싫은 사실이지만, 그것이 해방 전 한국 영화의 주요한 흐름이었다. 이에 저항하는 감독들은 체포되어 감

대표적인 친일 영화로 왼쪽 위에서부터 시계방향으로 서광제 감독의 1938년작《군용열차》, 안석영 감독의 1941년작 《지원병》, 이병일 감독의 1941년작 《반도의 봄》, 최인규 감독의 1941년작《집 없는 천사》이다.

옥으로 가거나 중국의 만주나 러시아의 연해주로 도피해야 했다.

해방 이후의 한국 대중영화의 흐름

해방이 되었지만, 한반도는 남북으로 분단되었다. 이후 1980년대 까지의 한국 영화는 《증언》, 《울지 않으리》, 《들국화는 피었는데》 등의 반공영화나 《애마부인》, 《뻐꾸기 몸으로 울었다》 등과 같은 에로영화, 《별들의 고향》, 《고래사냥》 등과 같은 애정영화, 《철수와 미미의 청춘 스케치》 등의 학원 청춘영화가 주를 이루었다. 그 외의 영화들은 정부 정책을 홍보하는 계몽영화에 가까웠다.

사회적인 문제를 예리하게 다루는 영화가 나왔으나, 검열에 의해 군데군데 삭제되어 누더기처럼 훼손된 상태로 개봉되었다. 삭제는 검열관들에 의해 자의적으로 이루어졌다. 그렇게라도 상영을 할 수 있으면 다행이었다. 어떤 영화는 상영 자체가 금지되거나 제작자나 감독이 구속되기도 했다.

이렇듯 군사독재정권 하에서 표현의 자유는 엄격히 제한되었다. 한국 영화계의 거장이라고 할 수 있는 임권택 감독도 당시에는 자신이 원하는 작품을 제작하기 위해서 반공영화를 만들 수밖에 없는 것이 현실이었다. 표현의 자유가 제한되어 있는 상황에서 그나마 할 수 있는

왼쪽부터 《증언》, 《애마부인》, 《고래사냥》, 《철수와 미의 청춘 스케치》의 포스터이다. 해방 이후 군사독재 시기를 거치며 한국 영화는 반공영화, 에로영화, 애정영화, 학원 청춘영화를 중심으로 대중과 만났다. 이는 검열과 산업적 제약 속에서 살아남기 위한 한국 대중영화의 현실적인 선택이었다.

것이 에로영화나 학원 청춘영화였고 이외에는 선택지가 거의 없었다. 그래도 에로영화보다는 반공영화가 나았다. 그 사이사이에 아주 특별한 영화가 만들어졌지만, 그런 영화는 대부분 영화애호가나 소수의 관객들에 의해 회자될 뿐이었다.

2000년대의 한국 영화

민주 정부가 들어선 이후, 특히 1990년대 후반에 접어들면서 표현의 자유가 보장되었다. 김대중 정부는 영화를 비롯한 음악, 게임 등의 콘텐츠 산업을 미래의 유망산업으로 육성하기 시작했다. 표현의 자유와 더불어 콘텐츠 산업에 대한 투자 지원이 활성화되면서 오락성과 예술성을 겸비한 다수의 영화가 만들어졌고, 한국 영화는 세계의 주목을

미국 아카데미 시상식에서 작품상을 수상한 《기생충》의 촬영장소와 영화박물관에 전시된 소품들

받기 시작했다. 다수의 영화가 세계 유수의 영화제에서 수상의 영광을 안았으며, 대중적인 인기를 누렸다. 그런 흐름은 2020년 《기생충》이 미국 아카데미 시상식에서 작품상을 수상하는 것으로 정점을 찍었다.

《기생충》의 미국 아카데미 수상의 의미는 단순히 하나의 영화제에서 상을 받았다는 것에 그치지 않는다. 베를린, 칸, 베니스 등에서도 매년 영화제가 열리고 다수의 한국 작품이 수상을 했다. 하지만, 미국은 세계 영화산업의 중심이다. 작품성뿐만 아니라 산업의 측면에서 보았을 때, 할리우드 영화제에서의 수상은 다른 영화제와는 비교할 수 없을 만큼 파급력이 컸다. 이 시기 한국 영화는 다른 많은 분야의 성과들과 함께 K-콘텐츠의 전성기를 열었다.

《기생충》의 수상 소식을 전하는 외신 보도와 K팝 그룹 BTS의 활동은 K-콘텐츠의 전성기를 상징하는 장면들이다.

갑작스러운 '한국 영화 위기론'

　　코로나19 바이러스의 창궐과 함께 영화산업은 위축되었다. 이런 현상은 당연한 것으로 받아들여졌고, 코로나19 바이러스의 소멸과 함께 영화는 예전의 위상을 되찾을 것이라고 예상되었다.

　　그러나 영화산업은 좀처럼 회복되지 못하고 있다. 사람들은 몇 가지 문제점을 지적한다. 첫째, 한국 영화는 여전히 기존의 관습에서 벗어나지 못하고 있으며, 새로운 콘텐츠의 발굴이 필요하다는 점이다. 둘째, OTT가 관객을 빼앗아 갔고, 그 관객을 다시 영화관으로 불러와야

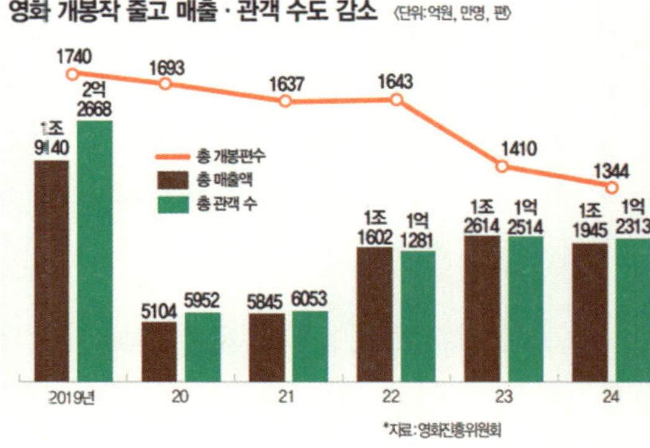

텅빈 극장과 한국 영화의 위기를 전하고 있는 그래프는 한국 영화가 선택해야 할 전략에 대한 고민이 필요함을 보여준다.

한다는 주장이다.

첫 번째 분석은 타당한 측면이 있다. 성공에 안주하면서 과거에 성공한 콘텐츠를 재생산하고 있는 현실을 부정하기는 어렵다. 관객은 언제나 새로운 것을 보고 싶어 한다. 그러나 두 번째 분석은 번지수를 잘못 짚고 있다. 인터넷 시대에 OTT는 거부할 수 없는 영화 상영의 공간이 되었다. 극장은 극장대로 활로를 찾아야 하지만, OTT의 관객을 빼앗아 오려는 접근은 옳은 방법이 아니다. 핵심은 두 개의 상영 공간을 인정하고, 대형 스크린을 통해 감상할 때 비로소 제대로 즐길 수 있는 영화를 특화하여 발전시키는 데 있다.

영화의 흥망성쇠는 이미 일어났던 현상이다

최초의 필름 영화 〈기차의 도착〉이 탄생한 이후 영화의 전성기를 구가하다가 쇠퇴하지 않은 나라는 미국밖에 없다. 지난 120여 년 동안 미국은 세계 영화산업의 중심지였다. 영화가 탄생한 프랑스는 물론 유럽의 독일, 러시아, 그리고 아시아의 일본, 홍콩, 중국 등도 영화의 전성기가 있었다. 일본은 1960~70년대 세계인의 시선을 사로잡았고, 홍콩은 1980년대에, 중국은 1990년대에 세계의 관심이 집중되었다. 그 시기에 많은 아시아 감독들이 할리우드로 진출했지만, 영원할 것처럼 보였던 이들 각국의 영화 역시 점차 대중의 관심에서 멀어졌다.

그리고 2000년대에 들어서 한국 영화가 주목받기 시작했다. 지금 한국 영화가 쇠퇴하는 것은 영화의 전성기를 맞았던 국가들이 겪어온 순환의 과정이라는 관점에서 보면 자연스러운 현상이다. (미국만은 예외다.) 영화는 대중이 원하는 것을 반영했을 때 성공했다. 그러나 사람들의 기호는 변덕스럽다. 오늘은 이 ㄴ라의 영화가 흥미롭게 느껴지다가도, 내일은 다른 나라의 문화에 끌린다. 이런 흐름을 따라잡는 것은 매우 어려운 일이다. 지금, 한국 영화는 새로운 도약과 자연스러운 쇠퇴라는 중대한 갈림길에 있다.

《7인의 사무라이》와 《복수는 나의 것》의 포스터이다. 이 영화들은 1960~70년대 세계인의 시선을 사로잡았던 일본 영화를 대표하는 작품들이다.

《영웅본색》과 《화양연화》의 포스터, 그리고 할리우드에서 만들어진 영화 《와호장룡》의 포스터이다. 이 영화들은 1980년대 황금기를 맞았던 홍콩 영화의 대표작들이다.

영화의 미래는 어떤 모습일까?

필름에 한정하지 않고 '움직이는 그림'이라는 관점에서 보면, 영화의 역사는 기원을 파헤칠 수 없을 정도로 아주 오래되었다. 움직임은 살아 있다는 상징이었다. 인류는 자연의 움직임을 보는 것부터 그림자의 움직임을 만들어 감상하고, 종이에 그려진 그림을 빨리 넘겨 움직이게 만드는 놀이인 '플립북(flip book)'에 이르기까지 다양한 '움직이는 그림'을 만들고 즐겼다. 그러나 현재 우리가 감상하는 필름으로 만든 영화의 역사는 1896년 뤼미에르 형제의 〈기차의 도착〉으로부터 시작되었다고 기술된다. 그로부터 130여 년의 시간이 흘렀다. 영화는 거의 변하지 않은 것처럼 보인다. 사각형의 화면 속에서 사람과 사물이 움직인다는 의미로 본다면 말이다.

그러나 영화의 형식과 내용은 혁명적으로 변화했다. 하나의 쇼트가 한 편의 영화가 되었던 초기의 영화부터 수천 개의 쇼트가 편집된 현대 영화에 이르기까지 영화는 끊임없이 진화했다. 다큐멘터리에서 극 영화로, 무성 영화에서 유성 영화로, 또 SF 영화에서 애니메이션으로 변화했고 발전해 왔다. 뿐만 아니라, 영화는 극장에서 안락한 안방으로, 필름에서 디지털 시네마로, 스크린에서 인터넷 기반의 OTT로 이동했다. 촬영 방식 또한 육중한 카메라에서 가벼운 스마트폰으로 영화를 촬영할 수 있는 시대로 바뀌었다. 130여 년 동안의 시간을 단 두 시간짜리 영화처럼 돌려보면, 그 변화에 우리는 현기증을 느낄 것이다.

이제 영화는 더 이상 특별한 사람들, 전문적인 교육을 받은 사람들만 만들 수 있는 특별한 것이 아니다. 영화는 우리 생활의 일부가 되었고, 우리는 '영화'를 찍고 있다는 사실조차 인식하지 못한 채 영상을 기록하는 시대를 살고 있다. 누구나 영상을 찍는 것이 가능하고, 동시녹음을 할 수 있으며, 무료로 제공되는 편집 프로그램을 통해 영상을 편집할 수 있다. 이제 우리는 각자 매일 한편 이상의 '영화'를 찍는다. 10초에서 1분, 혹은 10분에 이르기까지 다양하다. 이제 우리는 어렵게만 느껴지던 CG도 시간과 노력을 통해 얼마든지 구현할 수 있으며, 인터넷에서 무료로 아바타를 만들거나 원하는 분위기로 영상을 보정하는 일도 가능해졌다. 우리는 그런 시대를 살아가고 있다.

영화감독이 되려면 어떤 능력을 키워야 할까?

누구나 '영화'를 찍을 수 있다고 해서 누구나 영화감독이 될 수 있는 것은 아니다. 중요한 것이 빠져있기 때문이다. 영화는 단순히 영상을 촬영하고 이를 이어 붙인 '영상'이 아니다. 재미있는 이야기의 구성 능력, 인간의 삶에 대한 이해, 인류의 관심사나 사회의 모순점을 파악하는 능력이 필요하다. 바로 인문학적 깊기가 뒷받침되어야 영화를 찍을 수 있다. 《오징어 게임》의 성공 요인은 단순히 죽고 죽이는 살인의 충격이 아니라 그 안에 함축된 내용에 있다. 지구촌의 인류는 《오징어 게임》의 메시지를 죽고 죽이며 생존해야 하는 살벌한 현대사회에 대한 영화적 경종으로 본다.

영화감독을 꿈꾸는 사람이라면 세계를 통찰하는 능력을 키워야 한다. 그 능력은 인간에 대한 지속적인 관심과 탐구, 주변의 현실 문제에 대한 적극적 참여, 광범위한 독서, 친구들과의 토론과 민주적인 논쟁을 통해서만 키워질 수 있다. 혼자 방안에 틀어박혀 생각해도 상상력이 생기지 않을까? NO! 그것은 영화적 상상력이 아니라 혼자만의 몽상이나 망상에 가깝다. 그런 상상은 다른 사람들(관객)의 공감을 얻기 어렵다.

이미지 출처

21 위키피디아 22 게티이미지뱅크 24 게티이미지뱅크 27 위키피디아, 게티이미지뱅크 29 게티이미지뱅크 31 게티이미지뱅크 32 게티이미지뱅크 33 위키피디아 34 위키피디아 37 위키피디아 38 위키피디아 49 유튜브 캡처 51 위키피디아 54 위키피디아 55 위키피디아 56 위키피디아 63 써네스트 제작 65 위키피디아 67 게티이미지뱅크 74 위키피디아 76 위키피디아, 게티이미지뱅크 77 위키피디아 83 게티이미지뱅크 85 위키피디아 87 위키피디아 89 게티이미지뱅크 91 위키피디아, 홈페이지 캡처 93 위키피디아 96 위키피디아 102 위키피디아 104 위키피디아 106 위키피디아, 유튜브 캡처 109 위키피디아 111 위키피디아 112 위키피디아 118 게티이미지뱅크 119 위키피디아 122 화면 캡처 123 위키피디아 126 위키피디아 127 위키피디아 129 위키피디아 131 위키피디아 132 위키피디아 137 게티이미지뱅크 138 게티이미지뱅크, 화면 캡처 139 위키피디아 141 위키피디아 144 위키피디아 149 위키피디아 151 위키피디아 152 게티이미지뱅크 154 게티이미지뱅크 155 위키피디아, 게티이미지뱅크 162 위키피디아 167 위키피디아 174 게티이미지뱅크 178 위키피디아 179 위키피디아 181 위키피디아 182 위키피디아 185 유튜브 캡처 190 게티이미지뱅크 195 위키피디아, 화면 캡처 200 게티이미지뱅크 208 위키피디아 209 위키피디아 211 위키피디아 213 위키피디아 214 위키피디아 215 위키피디아 216 위키피디아 217 게티이미지뱅크 219 위키피디아 220 위키피디아